essentials

essentials liefern aktuelles Wissen in konzentrierter Form. Die Essenz dessen, worauf es als „State-of-the-Art" in der gegenwärtigen Fachdiskussion oder in der Praxis ankommt. *essentials* informieren schnell, unkompliziert und verständlich

- als Einführung in ein aktuelles Thema aus Ihrem Fachgebiet
- als Einstieg in ein für Sie noch unbekanntes Themenfeld
- als Einblick, um zum Thema mitreden zu können

Die Bücher in elektronischer und gedruckter Form bringen das Expertenwissen von Springer-Fachautoren kompakt zur Darstellung. Sie sind besonders für die Nutzung als eBook auf Tablet-PCs, eBook-Readern und Smartphones geeignet. *essentials:* Wissensbausteine aus den Wirtschafts-, Sozial- und Geisteswissenschaften, aus Technik und Naturwissenschaften sowie aus Medizin, Psychologie und Gesundheitsberufen. Von renommierten Autoren aller Springer-Verlagsmarken.

Weitere Bände in der Reihe http://www.springer.com/series/13088

Kristin Engelhardt

Erfolgreiche Mitarbeiterkommuni- kation für CEOs

Basics und Tools: CEO-Blog, Dialogrunden, Events, Mitarbeiterbeteiligung

Springer Gabler

Kristin Engelhardt
c/o engelhardt kommunikation gmbh
Wien, Österreich

ISSN 2197-6708 ISSN 2197-6716 (electronic)
essentials
ISBN 978-3-658-27974-5 ISBN 978-3-658-27975-2 (eBook)
https://doi.org/10.1007/978-3-658-27975-2

Die Deutsche Nationalbibliothek verzeichnet diese Publikation in der Deutschen Nationalbibliografie; detaillierte bibliografische Daten sind im Internet über http://dnb.d-nb.de abrufbar.

Springer Gabler ist ein Imprint der eingetragenen Gesellschaft Springer Fachmedien Wiesbaden GmbH und ist ein Teil von Springer Nature.
Die Anschrift der Gesellschaft ist: Abraham-Lincoln-Str. 46, 65189 Wiesbaden, Germany

Was Sie in diesem *essential* finden können

- welche Maßnahmen dem Management zur direkten Kommunikation mit MitarbeiterInnen zur Verfügung stehen
- eine komplette Liste von Unternehmensevents
- ein Überblick zu Möglichkeiten der Mitarbeiterbeteiligung
- Anmerkungen zu Kommunikationsstrategien in Bezug auf Evaluation, Change Prozesse und Unternehmenskultur
- Praxisbeispiele namhafter Unternehmen

Vorwort

Interne Kommunikation ist der Spagat zwischen Unternehmensführung und Interessen der MitarbeiterInnen. Die Digitalisierung schreibt auch hier seit je geltende Gesetze um: Galt bisher das Gesetz der Top-Down-Information in Unternehmen und der Befehlsgewalt bei den Chefs, so fordern MitarbeiterInnen heute Rücksprache und Kommunikation auf Augenhöhe ein. Die Interaktivität der digitalen internen Medien gibt ihnen dazu das Werkzeug in die Hand. Digitale Kommunikationsmöglichkeiten stellen Chefs darüber hinaus vor ganz neue Herausforderungen: Blogs/Posts, Videobotschaften und per Streamlining übertragene Events sind heutzutage selbstverständliche Tools.

Mehr noch: Das gesamte Maßnahmen- und Medienspektrum der Internen Kommunikation ist einem enormen Wandel unterworfen. Digitalisierung ermöglicht bei internen Medien mehr Aktualität, Wissensmanagement, verbesserte Projektkooperation und Zusammenarbeit über Länder und Kontinente hinweg. Auch die Grenzen zwischen interner und externer Kommunikation verschwimmen. Das *essential* „Erfolgreiche Interne Kommunikation im Digital Workplace" gibt einen Überblick zur aktuellen internen Medienlandschaft. Im vorliegenden *essential* sollen die anderen Seiten der Internen Kommunikation beleuchtet werden: Führungskommunikation, Mitarbeiterbeteiligung, Evaluation und die vielfältigen Spielarten von Face-to-Face-Kommunikation. Insbesondere die Face-to-Face-Kommunikation erhält als Gegenpol zur überbordenden digitalen Kommunikation einen neuen Stellenwert.

Führungskräfte sollen mithilfe dieses *essentials* Verständnis für die Möglichkeiten und Notwendigkeiten der Internen Kommunikation gewinnen und einen Überblick zu den Werkzeugen erhalten, die für die persönliche Kommunikation des Managements mit den MitarbeiterInnen zur Verfügung stehen. Ergänzend finden sich Tipps zu den wesentlichen Aspekten der Führungsverantwortung

in der Internen Kommunikation: Organisation der Mitarbeiterkommunikation, Themenwahl und Hinweise auf häufige Gefahrenpotenziale. Anmerkungen zum Thema Evaluation runden die Erläuterungen für das Management ab. Einige abschließende Abschnitte liefern Anregungen hinsichtlich der unternehmerischen Verantwortung des Managements bei Change-Prozessen, Fragen wie Vergangenheitsbewältigung, Corporate Social Responsibility sowie Internal Branding und Employer Branding.

Beim Werdegang dieses *essentials* habe ich mehrfach Unterstützung von KollegInnen aus Unternehmen erfahren. Ihnen allen möchte ich danken. Mein besonderer Dank gilt darüber hinaus jenen, die mir in ausführlichen Gesprächen aktuelle Einblicke in die Aktivitäten ihrer Unternehmen gewährten: von der Allianz Gruppe Österreich Josef Glatzl/Interne Kommunikation, von Attensam Denis Marinitsch/Bereichsleiter Personalentwicklung und Christoph Schneider/ Projektleiter, von der Unternehmensgruppe Casinos Austria – Österreichische Lotterien Martina Landsmann/Corporate Communications – Abteilungsleiterin Public Relations & Corporate Media, von der EVN AG Gerald Rücker/Teamleiter Interne Kommunikation, von Microsoft Österreich Thomas Lutz/Head of Communications, von der Santander Consumer Bank Österreich Robert Hofer/Unternehmenssprecher und Leiter Kommunikation und Daniel Mayr/Assistenz der Geschäftsführung, von der voestalpine AG Karin Keplinger/Teamleiterin Interne Kommunikation und Klaus Achleitner/Interne Kommunikation.

Ich hoffe mit diesem Band einen Beitrag zur Qualitätssteigerung der Internen Kommunikation zu leisten.

Wien   Kristin Engelhardt
im August 2019

Inhaltsverzeichnis

Über die Autorin

Kristin Engelhardt, Dr. phil., befasst sich seit fast 40 Jahren mit Interner Kommunikation. Zunächst als Gestalterin der Mitarbeiterzeitschrift der Siemens AG Österreich, danach als Agenturinhaberin, die für zahlreiche Mitarbeiterzeitschriften aus unterschiedlichen Branchen verantwortlich zeichnete, Veränderungsprojekte mit internen Kommunikationsmaßnahmen begleitete sowie selber Medien für Zwecke der Internen Kommunikation entwickelte.

Mit den neuen digitalen Anforderungen für die Interne Kommunikation befasst sich die Autorin verstärkt im von ihr geleiteten Round Table für Interne Kommunikation des Public Relations Verbands Austria/PRVA. Daneben ist sie auch Lehrbeauftragte für Corporate Communication an der Lauder Business School Wien. Seit 2019 ist Kristin Engelhardt Juryvorsitzende bei dem vom PRVA vergebenen Preis für Mitarbeiter-Medien „Die Silberne Feder".

Neue Herausforderungen für die Mitarbeiterkommunikation

Als Folge der Digitalisierung entstanden eine ganze Reihe neuer interner Medienformate und veränderter Kommunikationsabläufe (Puschkin 2013). Die Medien der Internen Kommunikation befinden sich in einem Zustand der rapiden Veränderung.

Die Führungsverantwortung in Bezug auf die richtigen Maßnahmen für die Mitarbeiterkommunikation ist wesentlich komplexer geworden – im Vergleich zu den Zeiten, als es nur um die Entscheidung ging: Wollen wir eine Mitarbeiterzeitschrift? Wenn ja: Wie aufwändig soll sie sein? Und: Wie soll die Weihnachtsfeier gestaltet werden?

Gleichzeitig muss sich das Management den neuen Gegebenheiten der persönlichen Kommunikation mit den MitarbeiterInnen stellen. Blogs oder Posts und Videobotschaften gehören heute zum Kommunikationsalltag von Führungskräften, die es nicht nur von der medientechnischen Seite her zu lösen gilt, sondern auch im Hinblick auf die Botschaften, welche die MitarbeiterInnen vom Management erwarten. Führen auf Augenhöhe ist dazu das Schlagwort.

Das Management ist heutzutage gefordert bei der Wahl der richtigen Maßnahmen/Medien der Internen Kommunikation, bei der Entscheidung für die richtigen Botschaften und beim persönlichen kommunikativen Auftritt vor den MitarbeiterInnen.

> **Kernthesen zu Führung und Interner Kommunikation**
> - Führung braucht Kommunikation. Aber: Nicht jeder Chef ist sich der Bedeutung von Mitarbeiterkommunikation und ihrer Facetten bewusst (Arns 2007; Hauer 2016).

K. Engelhardt, *Erfolgreiche Mitarbeiterkommunikation für CEOs*, essentials, https://doi.org/10.1007/978-3-658-27975-2_1

- Mitarbeiterkommunikation – von Social Intranet und Mitarbeiter-App bis zu Mitarbeitermagazin, Mitarbeiter-Event und Mitarbeiterbeteiligung – kämpft auf verlorenem Posten, wenn sie nicht die volle Unterstützung/Förderung des Managements hat.
- Management und digitale Kommunikation: Chefs sind nicht unbedingt modernen Kommunikationsmöglichkeiten gegenüber so aufgeschlossen, wie sie es sein sollten (Voß 2012).
- Wenn es um die direkte Kommunikation von Chefs geht (schriftlich, aber auch in gesprochenen Worten), mangelt es oft an Ausdrucksfähigkeit und Empathie.
- Chefs, die sich nur in einer Fremdsprache verständigen können (also nicht die Muttersprache der MitarbeiterInnen sprechen), stehen in der Internen Kommunikation vor einer besonderen Herausforderung. Ghostwriting und das Übersetzen persönlicher Statements bei Mitarbeiterversammlungen helfen, das Manko zu mildern (Gaibrois 2018) (s. Abb. 1.1).

Abb. 1.1 Sprachbarrieren können in der Mitarbeiterkommunikation zum Problem werden. (Cartoon: Gordon Blö) (Mit freundlicher Genehmigung von © engelhardt kommunikation gmbh 2019. All Rights Reserved)

1.1 Organisatorische Konsequenzen

Die neue Komplexität der Mitarbeiterkommunikation bringt mit sich, dass die Unternehmensführung bzw. das Management eine ganze Reihe von Entscheidungen zu treffen hat, die maßgeblich dafür sind, wie gut oder schlecht Mitarbeiterkommunikation gelingt. Was bedeutet, dass für das Unternehmen wichtige Ziele erfolgreich erreicht werden können oder nicht.

Ziele der Internen Kommunikation

- Die MitarbeiterInnen verfügen in ausreichendem Maße und zeitgerecht über alle Informationen, die sie zur Ausübung ihrer Arbeit benötigen.
- Die MitarbeiterInnen kennen die wichtigsten Fakten über das Unternehmen, für das sie arbeiten: Sie kennen Produkte und Standorte, Abteilungen und Organisation, wissen, wer dem Management Board angehört, und können die Werte und die Vision des Unternehmens beschreiben. Auch aktuelle Erfolgsmeldungen wie Auszeichnungen sollten ihnen geläufig sein. Ebenso sollten sie über kritische Situationen Bescheid wissen und dazu Argumente parat haben, auch wenn sie nicht befugt sind, wie der Pressesprecher in der Öffentlichkeit Stellungnahmen abzugeben. MitarbeiterInnen sind in ihren Familien, im Freundes- und Bekanntenkreis wichtige Botschafter ihres Unternehmens.
- Die MitarbeiterInnen sind mit Leistungsfreude und Loyalität Teil des Unternehmens. Ihre Motivation ermöglicht Umsatz- und Produktivitätssteigerungen sowie laufende Verbesserungen. Die MitarbeiterInnen beteiligen sich gerne tätig an den Entscheidungsprozessen.
- Aufgrund ihrer hohen Motivation bleiben die MitarbeiterInnen gerne lange beim Unternehmen. Das ist vorteilhaft für das in der Firma gebündelte Knowhow und vermeidet Probleme, die auf zu hoher Fluktuation beruhen.
- Die Zusammenarbeit in Teams und Abteilungen, aber auch abteilungsübergreifend und länderüberschreitend, funktioniert auf hohem kollegialem Niveau.
- Strategieprojekte und Change-Prozesse werden von den MitarbeiterInnen mit hohem Engagement unterstützt.

Diesen Zielen stehen vier Haupt-Fragestellungen für die Mitarbeiterkommunikation gegenüber:

1. **Wie kommen MitarbeiterInnen an das von ihnen benötigte Wissen?** Wo finden die MitarbeiterInnen z. B. Organigramme, Kontaktdaten, Sicherheitsanweisungen, Hinweise zu Corporate Identity/Corporate Design,

Informationen zu Kantine, Betriebsarzt usw., aber auch Basis-Informationen zum Unternehmen wie Produktinformationen, Unternehmenskennzahlen usw. Lösungen/Medien zu Punkt 1 sind heute vor allem in dem Bereich zu finden, der unter dem Schlagwort Digital Workplace geläufig ist. Die letzte Entscheidung, ob ein Unternehmen sich für ein Social Intranet entscheidet und ergänzend eine Mitarbeiter-App oder Interne Social Media anbietet, liegt beim Management (Escribano 2013).

2. **Was fördert Begeisterung und Einsatzfreude der MitarbeiterInnen? Wie entsteht Motivation?** Visionen und Ziele sowie Stolz auf die Arbeit und das Unternehmen sind wichtig. Lob und Anerkennung sind gleichfalls nicht zu unterschätzen. Motivierte MitarbeiterInnen steigern die Leistungen des Unternehmens und sind geeignet, als Botschafter nach außen zu wirken. Motivation ist eng mit dem Begriff Storytelling verbunden. Dazu braucht es ein Mitarbeitermagazin oder zumindest einen Newsletter/Blog und – eventuell zur Ergänzung – Infoscreens/Corporate TV oder Corporate Audio, Poster und Informationen am Schwarzen Brett. Auch hier liegt die letzte Entscheidung über die Wahl des Mediums bei der Geschäftsführung (Überblick und Tipps zu den in Frage kommenden Medien s. Engelhardt 2019).

3. **Wie können das Know-how der MitarbeiterInnen und ihr Engagement bestmöglich genutzt werden?** Mitarbeitermitsprache ist unabdingbar für erfolgreiche Unternehmen: Change-Projekte können nur auf Erfolg hoffen, wenn die MitarbeiterInnen mitgestalten. Ideenmanagement und Verbesserungsprozesse brauchen tätiges Mitwirken der MitarbeiterInnen. Summa summarum ist Motivation nur möglich, wenn die MitarbeiterInnen die Möglichkeit haben, sich einzubringen (s. Kap. 4).

4. **Wie lassen sich MitarbeiterInnen führen?** Der Unternehmenschef spielt eine sehr wesentliche Rolle gegenüber den MitarbeiterInnen und ist heute mehr denn je in der Face-to-Face-Kommunikation gefordert. In Kap. 2 finden sich ausführliche Informationen zu Führungskommunikation und Face-to-Face-Kommunikation aus dem Blickwinkel des verantwortlichen Managers, der persönliche Führungsbotschaften an die MitarbeiterInnen übermitteln will. Und unter dem Aspekt, dass digitale Medien und persönlicher Austausch (als Folge der Digitalisierung) eine immer größere Rolle spielen.

Eng verbunden mit der Qual der Wahl hinsichtlich des richtigen Mediums/der richtigen Maßnahmen ist die Entscheidung über die organisatorische Zuordnung der Ausführenden (Schick 2014).

Tipps zur Organisation von Mitarbeiterkommunikation
- Direktes Berichten an die Geschäftsführung ist angesichts der unternehmerischen Bedeutung von Mitarbeiterkommunikation essenziell.
- Die Gestaltung von Medien, die der Mitarbeitermotivation dienen, erfordert nicht nur Know-how hinsichtlich der besonderen Wirkungsweisen von Mitarbeiterkommunikation, sondern darüber hinaus hohes Können hinsichtlich der journalistischen Gestaltung von Medien (Schuhmann 2007). Es ist also sinnvoll, die Verantwortung für das Mitarbeitermagazin, Corporate TV usw. in der Kommunikationsabteilung anzusiedeln. Dennoch ist es in vielen Unternehmen nach wie vor gang und gäbe, die Personalabteilung mit der Herausgabe und Produktion des Mitarbeitermagazins und verwandter Medien zu betrauen.
- Noch schwieriger wird die organisatorische Zuordnung bei Intranet, Mitarbeiter-App und internen Social Media. Da es sich um IT-affine Medien handelt, übergeben manche Unternehmen die Verantwortung für diese Kommunikationstools der IT-Abteilung oder manchmal auch der Personalabteilung. Kommunikationsinhalte wie aktuelle News und generelle Unternehmensaussagen obliegen jedoch der Kommunikationsabteilung.
- Die Herausforderung an das Management ist, die sehr unterschiedlichen funktionalen Anforderungen (Personalmanagement, IT, Kommunikation) unter einem Dach zu bündeln, damit eine einheitliche Sprache und effizientes Publizieren von Inhalten für die Mitarbeiterkommunikation ermöglicht werden.
- Mitarbeiterbeteiligung ist unverzichtbarer Bestandteil der Mitarbeiterkommunikation. Ohne tätige Förderung des Managements/der Führungskräfte kann sie nicht gelingen. Organisatorisch wird sie meist von der Personalabteilung verantwortet (Betriebliches Vorschlagswesen, Kontinuierlicher Verbesserungsprozess, Wettbewerbe/Awards). Wenn es um die Teilhabe an Veränderungsprozessen geht, ist darüber hinaus Projektmanagement gefordert.
- In der Führungskommunikation gewinnt Face-to-Face aufgrund der Digitalisierung einen immer höheren Stellenwert. Die Herausforderung für das Management liegt darin, die richtige Balance zwischen schriftlichen Nachrichten und Video-Botschaften sowie Events zu finden. Noch einmal mehr herausfordernd ist die Entscheidung, für welchen Kommunikationsstil sich ein CEO/Geschäftsführer geeignet fühlt. In jedem Fall gilt: Authentizität ist Trumpf. Unterstützung durch versierte Kommunikationsexperten ist unbedingt notwendig.

## 1.2	Die richtigen Botschaften

In jeglicher Kommunikation sind zwei Aspekte entscheidend: Einmal der Inhalt, also das Thema, zu dem kommuniziert wird. Zum anderen die äußere Form, in der die Botschaft dargeboten wird. Wobei beide Aspekte in all ihrer Vielfalt besondere Aufmerksamkeit verdienen.

Die Inhalte der Mitarbeiterkommunikation sind einerseits getrieben von den Unternehmensinteressen: Da geht es darum, neue Strategien zu promoten, Verständnis für Unternehmensabläufe zu wecken und Wissen rund um das Unternehmen zu vermitteln. Auf der anderen Seite sollen jedoch die Bedürfnisse der Adressaten, der MitarbeiterInnen, berücksichtigt werden: Es gilt, Verunsicherung bei Veränderungen entgegenzuwirken und Auswirkungen von Stress wegen wenig prestigeträchtiger Jobs und wegen Über- oder Unterforderung zu mildern. Auch soziale Konflikte mit Chefs oder im Team gilt es abzufedern; ebenso wie schlechte Aufstiegschancen sowie mangelnde Fairness bei der Bezahlung und Diskriminierung. Und insgesamt heißt es, das Bedürfnis der MitarbeiterInnen nach Information und Kommunikation zu befriedigen. Ein Vernachlässigen dieser Aspekte kann sich in Demotivation niederschlagen (Becker 2018; Greenberg und Baron 2018; Rosenstiel 2011; Schuler und Sonntag 2007).

Motivation erzeugen lässt sich hingegen durch Botschaften, welche die Erkenntnis vermitteln: Meine Arbeit ist etwas wert! Ich kann auf meinen Job und das Unternehmen, für das ich arbeite, stolz sein! (Becker 2018; Greenberg und Baron 2018; Rosenstiel 2011; Schuler und Sonntag 2007) Weitere motivierende Inhalte befassen sich mit der – hoffentlich beflügelnden – Unternehmensvision und überzeugenden Unternehmenswerten, klaren Zielen des Unternehmens und der Arbeitsvorgaben. Zukunftsperspektiven (hinsichtlich Weiterbildung und Karriere) und ein guter Führungsstil sowie Teamgeist sind mindestens ebenso wichtig. Und natürlich sollten alle Inhalte Respekt und Wertschätzung widerspiegeln, wie sie im beruflichen Alltag gelebt werden. Mitsprache- und Mitgestaltungsmöglichkeiten sollten selbstverständlich möglich sein.

Der richtige Blickwinkel ist ein weiterer wichtiger Aspekt in Bezug auf die thematischen Inhalte der Mitarbeiterkommunikation. Ein geeignetes Thema kann völlig „falsch ankommen", wenn es nicht entsprechend der Sichtweise der betroffenen MitarbeiterInnen dargestellt wird. Bei der Eröffnung eines neuen Standorts zum Beispiel sind in den Informationen gegenüber der breiten Öffentlichkeit und externen Medien andere Fakten herauszustreichen als in der Kommunikation mit den MitarbeiterInnen. Die wollen vor allem hören, welche Konsequenzen sich daraus für ihre eigene Zukunft ergeben, und für ihren Beitrag bei der Errichtung gelobt werden. Noch deutlicher wird die Forderung nach dem

richtigen Blickwinkel bei Themen wie z. B. Mitarbeiterabbau. Hier interessiert die MitarbeiterInnen vor allem ihr persönliches Schicksal, nicht die wirtschaftliche Notwendigkeit aus Unternehmenssicht.

Steht einmal fest, welche Inhalte transportiert werden sollen, so spielt die Wahl des richtigen Mediums eine entscheidende Rolle, die wiederum eng verknüpft ist mit der Umsetzung im Detail. Die Art und Weise, wie die Inhalte/Botschaften vermittelt werden, muss überzeugen. Nur wenn Themenwahl und Blickwinkel sowie das Medium in perfekter Performance gelingen, kann die gewünschte Wirkung bei den Adressaten, den MitarbeiterInnen, erzielt werden: Wissensbildung, Überzeugung, Engagement, Motivation.

1.3 Fallstricke der Mitarbeiterkommunikation

Ist die Wahl der richtigen Medien und Maßnahmen sowie der richtigen Themen schon komplex genug, so wird Mitarbeiterkommunikation noch einmal herausfordernd angesichts der Tatsache, dass der Teufel bekanntlich im Detail steckt.

Professionelle Umsetzung ist bei der Gestaltung von Mitarbeitermedien (Mitarbeitermagazin, Corporate TV, Corporate Audio, Social Intranet, Mitarbeiter-App usw.) und anderen Maßnahmen der Mitarbeiterkommunikation (Events, Awards, Mitarbeiterumfragen usw.) unbedingt notwendig (Schuhmann 2007). Andernfalls kann es vorkommen, dass die richtige Entscheidung (z. B. ein Mitarbeitermagazin zu produzieren) trotz beträchtlichen Kostenaufwands nicht die gewünschten Wirkungen zeigt. Die Bandbreite der Fehlermöglichkeiten in dieser Hinsicht ist groß (s. Engelhardt 2019).

Mangel an Glaubwürdigkeit und Schönfärberei sind sehr häufig die Haupt-Kritikpunkte in der Mitarbeiterkommunikation: Ihnen ist vor allem mit Fakten, Originalzitaten (also Mut zum gesprochenen Wort), bildhafter Sprache (mit Vergleichen) und prägnanten Aussagen zu begegnen. Prägnant heißt dabei: Kein Herumgerede, sondern Konzentration auf das Wesentliche (Burkhardt und Kircher 2008; Egli 2007).

Zwei Warnungen seien hier auch noch ausgesprochen: Vorsicht vor der **Beweihräucherung von Chefs!** (Schimmel 2014) Und Vorsicht vor **Managerlatein** und **PowerPoint-Slang!** Einfach formulierter Klartext ist nicht nur verständlicher, sondern auch überzeugender (Hendrich 2006).

Kritische Themen (wie z. B. die Ankündigung von Outsourcing-Maßnahmen, einer Umorganisation oder neuer Arbeitszeitvereinbarungen) erfordern vor allem Mut. Um den heißen Brei herumreden oder erst verspätet informieren – das kommt gar nicht gut an (Duerr 2016; Engelhardt 2018). Kritische Situationen

haben drei Grundregeln, wenn die Geschäftsführung ihnen kommunikativ gut begegnen will: Erstens heißt es von Anbeginn an zu kommunizieren. Selbst wenn noch nicht umfangreiche Informationen übermittelt werden können. Und danach müssen laufend weitere Informationen geboten werden. Zweitens gilt es, die hinter den Entscheidungen stehende Vision und die Ziele aufzuzeigen. Drittens muss den MitarbeiterInnen Mitsprache und tätige Mitwirkung ermöglicht werden.

Ein Tipp zu kritischen Themen: Es macht Sinn, Themen von mehreren unterschiedlichen Blickpunkten her zu beleuchten. Das hilft bei der Kommunikation. Denn kein Thema hat nur negative Aspekte.

Führungskommunikation 2

Welche Möglichkeiten hat ein Unternehmenschef, sich selbst an die Mitarbeiter-Innen zu wenden, um ihnen ganz persönlich Strategien und Entscheidungen nahe-zubringen oder sie – kraft seiner Autorität – zu noch besseren Leistungen und mehr Engagement anzuspornen? CEOs und Geschäftsführern stehen dazu ganz spezifische schriftliche Ausdrucksformen sowie Videobotschaften zur Verfügung. Hinzu kommen noch verschiedene Formen des persönlichen Dialogs. Und darüber hinaus sind Events eine geeignete Plattform, um die MitarbeiterInnen persönlich anzusprechen (Neumann und Ross 2007).

2.1 Mitarbeiterbrief & CEO-Blog

Der Mitarbeiterbrief nimmt in der schriftlichen Kommunikation des Unternehmenschefs nach wie vor die vorderste Stelle ein. Er wird heutzutage per Mail versandt. Dazu gibt es noch Blogs oder Posts und Videobotschaften im (Social) Intranet, via interne Social Media oder über die Mitarbeiter-App (Puschkin 2013).

Ein Wechsel in der Kommunikationskultur und damit auch der Unternehmens-kultur wird hier besonders deutlich: Wenn zum Beispiel die Geschäftsführerin von Microsoft Österreich fast wöchentlich persönlich Yammer-Posts an ihre etwa 350 MitarbeiterInnen richtet, so signalisiert dies Führen auf Augenhöhe, Modernität, Produktbewusstsein (Yammer ist ja ein hauseigenes Produkt) und Authentizität (Lutz 2019). Ähnliches gilt, wenn der Unternehmenschef einen eigenen Blog für die MitarbeiterInnen hat.

© Springer Fachmedien Wiesbaden GmbH, ein Teil von Springer Nature 2020
K. Engelhardt, *Erfolgreiche Mitarbeiterkommunikation für CEOs*, essentials,
https://doi.org/10.1007/978-3-658-27975-2_2

- **Der Mitarbeiterbrief:** Wenn Mitarbeiterabbau ansteht oder große Investitionen angekündigt werden sollen, sollte sich der Unternehmenschef in einem Mitarbeiterbrief – und möglichst auch in einer persönlichen Ansprache – an die MitarbeiterInnen wenden. Auch zum Jahresende/-anfang kann ein Mitarbeiterbrief angebracht sein. D. h. der Mitarbeiterbrief ist das Medium für den „großen" Anlass.
- **Der Blog** sollte öfter und regelmäßig versandt werden. Er kommt zum Zug, wenn der Unternehmenschef den MitarbeiterInnen persönlich die Strategien des Unternehmens nahebringen will, wie zum Beispiel im Daimler CIO Blog (Amireh und Beckmann 2012; Schmid 2013).

Mitarbeiterbrief und Blog können heutzutage auch als Video im Intranet oder in der Mitarbeiter-App umgesetzt werden.

Das Editorial im Mitarbeiter-Magazin kann – wenn es vom CEO geschrieben wird – eine ähnliche Funktion wie Mitarbeiterbrief und Blog übernehmen.

Was schon fürs geschriebene Wort gilt, ist noch einmal mehr bei Video-Botschaften Gesetz: die Fähigkeit, auf die MitarbeiterInnen zuzugehen und Authentizität sind Trumpf. Wenn zum Beispiel der Geschäftsführer von Attensam, dem österreichischen Marktführer für Hausbetreuung und Winterservice, über die Mitarbeiter-App ein Video mit Weihnachtswünschen an die MitarbeiterInnen richtet und diese in mehreren Sprachen adressiert, so kommt das bei den MitarbeiterInnen, die größtenteils Migrationshintergrund haben, sehr gut an (Schneider 2019).

Tipps für die CEO-Kommunikation

- Mitarbeiterbriefe, Blogs/Editorials und Posts (auch in Video-Form) bieten dem Unternehmenschef die Möglichkeit, gegenüber den MitarbeiterInnen zukünftige Perspektiven aufzuzeigen.
- Hinter Mitarbeiterbriefen, Blogs und Posts sowie Videos des CEO muss eine klare Strategie stehen: Bei welchen Anlässen und wie oft werden sie geschrieben/versandt? Welche Inhalte werden aufgegriffen?
- Blogs des CEO sollten Themen aufgreifen, die sonst in der Kommunikation zu kurz kommen und essenziell sind sowie auf diese Weise mit entsprechendem Gewicht dargelegt werden können (Amireh und Beckmann 2012; Bernet 2012; Mossal 2012).
- Alle Äußerungen des CEO sollten die Werte und die Vision des Unternehmens vermitteln.

- Authentizität und Empathie sind entscheidend. Mitarbeiterbriefe, Blogs, Posts und Videos sollten vermitteln, welchen Stempel der CEO dem Unternehmen ganz persönlich aufdrücken will.
- MitarbeiterInnen sollten zu den Blogs und Posts Fragen stellen und Kommentare abgeben können (Kommentar-Funktion im Intranet, bei Mitarbeiter-Apps, in Internen Social Media), die es dann umgehend mit größtmöglicher Transparenz zu beantworten gilt! (Hansing 2013)
- Und Vorsicht bei den Aussagen! Nicht nur weil die MitarbeiterInnen sie hinterfragen können, sondern vor allem dann, wenn sie Versprechen enthalten.
- Last, but not least, die Hauptsache: Nicht jeder Unternehmenschef ist fähig, einen Blog oder ein Editorial eloquent zu schreiben und dabei die strategisch wichtigen Themen im richtigen Tonfall anzusprechen. Ghostwriting durch den/die ReferentIn für Interne Kommunikation ist eine Lösung, bei der jedoch auch Vorsicht geboten ist. Das erste Problem ist der Mangel an Authentizität, den die MitarbeiterInnen sofort spüren. Das zweite Problem ist die Überzeugungsarbeit gegenüber dem Unternehmenschef, die bei jedem Text von Seiten des internen Kommunikators zu leisten ist. Eine Gegenüberstellung von Aufwand und Output legt daher die Suche nach Alternativen nahe. Ein Interview mit dem CEO im Mitarbeiter-Magazin kann zum Beispiel eine Lösung sein: Da lassen sich Fragen und Antworten vom Kommunikationschef in die richtige Richtung steuern.

2.2   Im Dialog

MitarbeiterInnen sollten vom Management face-to-face nicht nur Informationen erhalten, sondern auch nachfragen dürfen und Vorschläge einbringen können – als Zeichen der persönlichen Wertschätzung und um allfällige Missstände aufdecken zu können.

Der persönliche Dialog mit dem Management (Dörfel und Hinsen 2009) kann bei einem Frühstück (bei dem sich zum Beispiel die mittlere Führungsebene/ Meister monatlich oder Auszubildende einmal jährlich mit dem Generaldirektor austauschen), bei Fragen-Antworten-Runden mit verschieden vielen Teilnehmern aus unterschiedlichen Hierarchien und Bereichen (monatlich oder quartalsweise)

oder bei „Sprechstunden" mit dem Unternehmenschef stattfinden. Nicht zu verwechseln mit dem „Mitarbeitergespräch", das als Vier-Augen-Gespräch mit dem
Vorgesetzten der Förderung der persönlichen Karriere des/der MitarbeiterIn dient.
Das Beantworten von Mitarbeiter-Fragen kann der Unternehmenschef auch
via Intranet erledigen (Hansing 2013): Er/Sie selber oder zuständige Bereichs-
leiter beantworten von den MitarbeiterInnen eingesandte Fragen. Der Vorteil: Fragen und Antworten können von allen MitarbeiterInnen eingesehen werden.

Die Qualität aller dieser Frage-Antwort-Runden steht und fällt mit der tatsächlich umgesetzten Transparenz und zur Schau gestellten Wertschätzung.
Abwimmeln von Mitarbeiter-Fragen ist ganz schlecht. Und besonders wichtig: Von MitarbeiterInnen aufgezeigte Missstände müssen Reaktionen zur Folge
haben, die nicht nur als floskelhafte Statements daherkommen. D. h. es müssen
tatsächlich Maßnahmen ergriffen werden.

Ein Tipp: Auch wenn bei Dialog-Veranstaltungen die Hauptausbeute der Wort-
meldungen in persönlichen Erlebnissen der MitarbeiterInnen mit Leistungen des
Unternehmens besteht (in einem Automobilunternehmen zum Beispiel werden
gerne die Erlebnisse beim Autoservice bzw. beim Autokauf vorgebracht), so sind
doch immer wieder wertvolle Beobachtungen dabei, die Anlass zu Verbesserungs-
bedarf im Unternehmen bieten. Die andere – für die Mitarbeiter-Motivation wertvolle Seite – betrifft die Wertschätzung, die auf diese Weise den MitarbeiterInnen
entgegengebracht wird.

Und noch ein Tipp: Aufgepasst bei klassischen Kommunikationsmängeln!
(Engelhardt 2018; Regnet 2003) Als da sind Ja-Sager (das Stichwort dazu: Echo
Chamber), MUM-Effekt (wenn keiner eine schlechte Nachricht überbringen
will, weil es keine positive Fehlerkultur gibt), Interessen-bedingte Verzerrungen
und Wissensdoktrinen. Daneben gilt es noch auf Vorurteile, Betriebsblindheit,
selektive Aufmerksamkeit (was besser zum eigenen Selbstbild passt, wird eher
akzeptiert) und Sprachprobleme unter Experten zu achten.

Events, Events, Events 3

Abgesehen von schriftlichen Äußerungen bzw. Videos des Unternehmenschefs spielen Face-to-Face-Kontakte bei Events für die Führungskommunikation eine wesentliche Rolle. Events sind – in unterschiedlichen Spielarten – wesentliches Instrumentarium der externen und internen Kommunikation. Die Bandbreite von Informationsveranstaltungen, Festen, Werte-Wochen bis hin zu Come-Togethers ist enorm.

3.1 Informationsveranstaltungen

Bei Kickoff-Veranstaltungen (zu Beginn des Geschäftsjahrs oder anlässlich des Quartalsberichts) steht Informationsvermittlung im Vordergrund. Ebenso bei Mitarbeiterversammlungen anlässlich besonderer Verlautbarungen (z. B. die Ankündigung eines Joint Ventures oder einer neuen Investition). Je nach Rahmen und Thema werden diese Events gerne durch Präsentationen unterstützt und es kommen mehrere Redner (nicht nur der CEO) zu Wort (Heitmann und Jonas 2013). Bei solchen Anlässen für die MitarbeiterInnen besonders wichtig: Die Fakten sollten hinterfragt werden können. Moderne Kommentar-Tools wie zum Beispiel sli.do können dabei hilfreich sein (Holub 2017; Kessels 2016). Ebenfalls wichtig: Die Inhalte der Informationsveranstaltung sollten auch über andere interne Medien kommuniziert werden (Mitarbeitermagazin, Mitarbeiter-App, Newsletter).

Wenn es um Veränderungsprozesse geht, können Informationsveranstaltungen (auch für große Gruppen) Workshop-Charakter bekommen. Die Teilnehmer sind dann aufgefordert, an den Details der angepeilten Veränderungen mitzuarbeiten (Wolf 2013).

© Springer Fachmedien Wiesbaden GmbH, ein Teil von Springer Nature 2020
K. Engelhardt, *Erfolgreiche Mitarbeiterkommunikation für CEOs*, essentials,
https://doi.org/10.1007/978-3-658-27975-2_3

13

Oft gibt es Informationsevents, bei denen nur Führungskräfte (verschiedener Ebenen) anwesend sind. Diese Vorgesetzten (Meister, Teamsprecher, Abteilungsleiter etc.) haben danach die Aufgabe, die erhaltenen Informationen als Kaskaden-Information (Kantzenbach und Cezanne 2016) weiter zu kommunizieren. Das birgt die Gefahr in sich, dass am Weg bis zum letzten Rezipienten eine ganze Reihe von Informationen und Aspekten verloren gehen. Vor allem dann, wenn zu viele Kaskaden-Informationen losgesandt werden oder wenn die Vorgesetzten die Weitergabe der Informationen nicht mit dem nötigen Nachdruck verfolgen.

3.2   Gemeinsam feiern

Neben Informationsveranstaltungen dienen andere Events vor allem dazu, erreichte Erfolge gemeinsam zu feiern und Teamgeist zu beschwören (Baurecht 2016; Dockter 2018). Die Gelegenheiten für Feste können sein: Jubiläumsfeiern, Neujahrs-Partys, Sommerfeste, Weihnachtsfeiern und noch vieles mehr. Der CEO hat dabei jeweils die Festrede zu halten.

Wie viele und welche Feste in welcher Form gefeiert werden, hängt vor allem von der Unternehmenskultur und von den Standorten ab. Beim Flughafen Wien zum Beispiel gibt es alljährlich etwa 20 Events für MitarbeiterInnen – mit dem Argument, dass mehr als die Hälfte der rund 4300 MitarbeiterInnen draußen am Flugfeld arbeitet und der Kontakt zu ihnen am besten auf diese Weise gepflegt werden kann. Der Höhepunkt jedes Jahres ist das – im Stil des Münchner Oktoberfests gestaltete – Mitarbeiterfest im Herbst, an dem im Schnitt 1000 bis 1200 MitarbeiterInnen teilnehmen (Engelhardt 2016).

Die EVN AG wiederum lädt in Abständen von zwei bis drei Jahren die etwa 2500 MitarbeiterInnen ihres „Kernlandes" Niederösterreich zu einem gemeinsamen Event in eine Mehrzweckhalle oder in das im Besitz des Unternehmens befindliche AKW Zwentendorf ein, das u. a. als Event Location genutzt wird. Diese Veranstaltungen stehen immer unter einem Motto wie z. B. Digitalisierung (Rücker 2019).

Weihnachtsfeiern (Steger 2015) sind besonders oft der Kritik ausgesetzt. Der häufigste Kritikpunkt: das mangelnde Einfühlungsvermögen des Managements bei seinen Weihnachtsansprachen. Säbel-rasselnde Kündigungsdrohungen zum Beispiel sollten bei einer Weihnachtsfeier nichts zu suchen haben und auf einen anderen Zeitpunkt verschoben werden. Und: Luxuriöse Geschenke machen fehlendes Lob und ausbleibenden Dank (beides wäre bei einem Jahresrückblick anlässlich einer Weihnachtsfeier angebracht) nicht wett. Lob motiviert. Und wer gute Arbeit leistet, verdient Lob (Weidner und Weidner 2016).

Zusätzliche Problempunkte bei Weihnachtsfeiern: Wer soll eingeladen werden? Auch Ehegatten und Lebensgefährten? Soll es eine das Unternehmen umspannende Feier geben? Oder soll nur abteilungsweise gefeiert werden? Soll es ein Rahmenprogramm geben? Ein festliches Essen? Oder nur ein gemütliches Beisammensein? Die Bandbreite, eine Weihnachtsfeier zu gestalten, ist groß und Event-Agenturen finden hier ein reiches Betätigungsfeld.

Noch einmal der Flughafen Wien als Beispiel: Hier gibt es statt Weihnachtsfeiern zwei „Weihnachtsdörfer" auf dem Areal des Flughafens in Art eines Christkindlmarkts. So kommen die Kollegen von der Vorfeld-Abfertigung nicht zu kurz und alle Bereiche/Hierarchien können sich an den Ständen mischen.

Feste dienen in jedem Fall dazu, das Gemeinsame, Verbindende herauszustreichen, Lob auszusprechen und das zwanglose Aufeinandertreffen unterschiedlicher Hierarchien sowie den persönlichen Kontakt untereinander zu ermöglichen.

Betriebsausflüge gehen noch einen Schritt weiter als die bisher angeführten Mitarbeiter-Events. Hier ist das „Unterhaltungsprogramm" für die MitarbeiterInnen auch noch mit einem Ortswechsel verbunden (Selan 2017; Warketin 2018).

Give-Aways: Viele Unternehmen verteilen an ihre MitarbeiterInnen Werbegeschenke (zu Weihnachten, bei Jubiläen und anderen geeigneten Anlässen) oder versenden sie auch regelmäßig mit der Mitarbeiterzeitschrift. Die Gratwanderung bei der Wahl der Geschenke bewegt sich zwischen nicht zu billig und nicht zu teuer sowie zwischen allzu werblich oder allzu anbiedernd (faz.net 2014; Personalwirtschaft 2017; t3n.de 2016). Tatsache ist, dass es heutzutage durchaus üblich geworden ist, T-Shirts oder Anstecker mit gerade aktuellen Unternehmensslogans an MitarbeiterInnen zu verteilen (die dann natürlich von den MitarbeiterInnen werbewirksam getragen werden sollen) (s. Abb. 3.1).

3.3 Open House

Tage der offenen Tür oder Family Days sind aufwändig zu organisieren, haben aber auch ein langanhaltendes positives Echo zur Folge (Wowtscherk-Hoffmann 2018). Anlässe können sein: Unternehmensjubiläen, eine Werkseröffnung, die Besiedlung des neuen Headquarters oder die Inbetriebnahme neuer Investitionen usw. (Engelhardt 2014, 2017; Fenz 2018; Führer 2016; tv-oebb.at 2014).

Für die MitarbeiterInnen sind Tage der offenen Tür die Gelegenheit, ihren Familienangehörigen und Freunden den persönlichen Arbeitsplatz zu zeigen, auf den sie stolz sind. Auch für die Pflege guter Nachbarschaft sind Tage der offenen Tür nicht zu unterschätzen. In Summe bieten sie die Möglichkeit, Unternehmensidentität und Stolz auf die Leistungen der Firma zu demonstrieren. Gegenüber der

Abb. 3.1 Als die Opel Group 2016 nach mehrjähriger Durststrecke erstmals wieder schwarze Zahlen erreichte, ließ CFO Karl-Thomas Neumann an alle MitarbeiterInnen T-Shirts mit der Aufschrift „We made it!" verteilen (Schmitt 2016) und forderte sie zu Fotos auf – die MitarbeiterInnen des Werks Wien-Aspern formierten das Opel-Logo, einen Blitz. (Foto: Helga Mayer) (Mit freundlicher Genehmigung von © Opel Wien GmbH 2019. All Rights Reserved)

breiten Öffentlichkeit kann sich das Unternehmen mit einem Tag der offenen Tür wirksam Aufmerksamkeit verschaffen.

Die Größe und der Umfang des Events hängen sehr wesentlich von der Größe des Unternehmens und vom konkreten Anlass ab. Wenn an einem Tag mehrere tausend Besucher in einem Unternehmen willkommen zu heißen sind, bedeutet das beträchtliche logistische Anstrengungen. Nicht zu reden vom Programm, das geboten werden muss.

Vorüberlegungen zu Open-House-Veranstaltungen
- **Terminwahl & VIPs:** Die Terminfrage ist – vor allem wenn es um einen großen Event geht – nicht zu unterschätzen. Sollen Bundeskanzler, Bundespräsident, Minister oder Bürgermeister anwesend sein und Ansprachen halten, muss das langfristig im Vorhinein geplant werden und hat großen Einfluss auf die Terminwahl.

- **Räumlichkeiten:** Welche Betriebsbereiche können der Öffentlichkeit zugänglich gemacht werden und welche nicht? Fertigungslinien können von großen Menschenmengen meist nur besichtigt werden, wenn sie außer Betrieb sind (s. Abb. 3.2).
- **Infrastruktur:** Toiletten, Garderoben, Erste Hilfe müssen ausreichend gewährleistet werden. Für die Sicherheit muss Vorsorge getroffen werden (Aufsichtspersonal, Fluchtwege, Hinweisschilder und Informationen). Behördliche Genehmigungen müssen miteingeplant werden.
- **Rahmenprogramm:** Hier empfiehlt es sich, Kooperationen zu suchen. Charity-Aktionen kommen gut an.
- **Personal:** Eigene MitarbeiterInnen sollten als Guides/Instruktoren gewonnen werden und so weit als möglich beim Ablauf unterstützen. Daneben muss ausreichend Aufsichts- und Hilfspersonal bereitstehen.
- **Ebenfalls wichtig:** Getränke und Verpflegung, Entsorgung und Reinigung, Einladungen und Ankündigung sowie die entsprechende Dokumentation (Fotos, Videos, Nachberichte in internen und externen Medien).

Abb. 3.2 Tag der offenen Tür bei Opel Wien. (Foto: Helga Mayer) (Mit freundlicher Genehmigung von © Opel Wien GmbH 2019. All Rights Reserved)

3.4   Von Roadshows bis zu BeHealthy-Wochen

„Festwochen" der besonderen Art finden statt, wenn das Unternehmen zu
Strategie-Workshops lädt, gleichzeitig vergnügliche Teamspiele (zu den strategischen Themen) anbietet und die MitarbeiterInnen zu karitativen Aktivitäten
animiert. Die Ziele dahinter: Werte/Strategien sollen verankert, abteilungsüber-
greifende Zusammenarbeit befördert und die Mitarbeiter-Motivation vorangetrieben
werden, was dank der Mischung aus Party und Business meist erfolgreich gelingt
(s. Abb. 3.3).

Dem Kommunizieren der Unternehmenswerte – vor allem wenn sie neu
definiert/formuliert wurden – gelten auch Vortragsveranstaltungen (z. B. beim
Flughafen Wien für Gruppen von 200 bis 300 Teilnehmern, mit dem CEO als
Referenten) (Engelhardt 2016). Oder es werden Roadshows angeboten, um neue
Werte direkt vor Ort (an einzelnen Standorten) an die MitarbeiterInnen heran-
zutragen (Daimler AG 2019). Noch ein anderer Weg, die eigene Unternehmensidentität nach außen und innen zu vermitteln, können regelmäßig angebotene

Abb. 3.3 Virtual Reality war im Jahr 2019 ein Programmpunkt der „Santander-Woche"
der Santander Consumer Bank in Österreich (Hofer und Mayr 2019) – zeitgleich mit den
weltweit in allen Landesgesellschaften der Banco Santander stattfindenden „Santander-Wo-
chen". (Foto: Helga Mayer) (Mit freundlicher Genehmigung von © Santander Consumer
Bank. All Rights Reserved)

Diskussionsveranstaltungen mit Experten sein (z. B. Siemens Academy of Life (Stebo 2015)).

BeHealthy-Wochen sind Events im Zusammenhang mit Gesundheits-programmen, wie sie Unternehmen gerne für ihre MitarbeiterInnen anbieten, um sie fit und leistungsfähig zu halten (Decker 2014; Pundt 2016; Uhle und Treier 2015). Die Santander Consumer Bank veranstaltet derartige Wochen alljährlich in allen Tochterfirmen weltweit (Schmelzer 2019), ebenso Novartis (Sandoz 2013). Der Programmbogen ist breit gespannt und kann vom Vortrag eines Sportlers oder einem Kabarettprogramm bis zu Ernährungsberatung, Gesundheitschecks und vielfältigen Sportprogrammen reichen. Je nach Lust und Laune können die MitarbeiterInnen Fußball oder Tennis spielen, an CrossFit- oder Fun-Run-Wett-bewerben teilnehmen, Triathlons, Marathons oder Gymnastikkurse absolvieren. Und natürlich gibt es zu den BeHealthy-Wochen nur gesundes Essen: Salate, Früchte, Smoothies.

Geht es darum, Teambildung zu fördern, so liegen heutzutage Outdoor-Programme mit Selbsterfahrungselementen im Trend. Beim Klettern, Bogen-schießen, Geocoachen und dergleichen sollen die MitarbeiterInnen einer oder mehrerer Abteilungen zusammenwachsen (Witzki 2018).

3.5 Come-Together

Zeichen der steigenden Bedeutung von Face-to-Face-Kommunikation sind die an vielen Orten in modernen Bürogebäuden eingebauten Kaffeeküchen – als Ort des informellen Austauschs – oder die Gestaltung neuer Büros im Sinne neuer Arbeitswelten (Broukal 2019, Tiroler Tageszeitung 2017): ohne fixe Arbeitsplätze der MitarbeiterInnen, dafür mit vielen Besprechungsräumen. Die Vorbereitung der Meetings und Gesprächsrunden erfolgt extragründlich mithilfe moderner digi-taler Kommunikationstools. Selbstverständliche Unterstützung gibt es außerdem durch Skype for Business und andere Videoconferencing-Werkzeuge.

MitarbeiterInnen ergreifen angesichts moderner Arbeitswelten gerne die Ini-tiative und regen Events zum Kennenlernen an: Come-Together-Treffen in wech-selndem Ambiente (z. B. beim Eisstock-Schießen, beim Bubble Soccer oder bei einem Bootsausflug) dienen dem Kennenlernen von KollegInnen anderer Abteilungen (Hofer und Mayr 2019). Anderswo wiederum gibt es „Nachbar-schaftsbesuche", bei denen einzelne Abteilungen KollegInnen einladen und ihnen bei dieser Gelegenheit ihre Tätigkeitsbereiche vorstellen (Engelhardt 2016).

Mitarbeiterbeteiligung

4

MitarbeiterInnen wollen ihren Beitrag zum Unternehmenserfolg leisten: mit Verbesserungsvorschlägen, Mängelhinweisen, kreativen Ideen … Jedes Unternehmen ist wohlberaten, diese Bereitschaft ausgiebig zu fördern. Nicht nur, weil sich daraus enorme Einsparungen und Erfolgssteigerungen ergeben können, sondern vor allem, weil es die MitarbeiterInnen motiviert und ihnen zeigt, wie sehr ihre Leistung für das Unternehmen wertgeschätzt wird.

4.1 Ideenmanagement

Das Betriebliche Vorschlagswesen (von Alfred Krupp 1872 mit dem „Generalregulativ" begründet) und der Kontinuierliche Verbesserungsprozess/KVP (auf der von Toyota in den 1950ern begründeten KAIZEN-Methode basierend) sind bewährte Methoden, um das Ideenpotenzial der MitarbeiterInnen zu nutzen (Bechmann 2012; Pratsch 2013; Schat 2017; Zink 2007) – mit beträchtlicher Auswirkung auf die Mitarbeiter-Motivation (Abb. 4.1). Die Abwicklung ist zumeist in der Personalabteilung angesiedelt und stützt sich dabei üblicherweise auf eine eigene Site im Intranet. Vor allem Produktionsunternehmen wenden das Betriebliche Vorschlagswesen und den Kontinuierlichen Verbesserungsprozess an und erzielen dabei oft beachtliche Einsparungen.

Andere heutzutage angewandte Formen des Ideenmanagements bedienen sich einer „Ideenwerkstatt" oder eines „Innovation Hubs", um dort mithilfe von Workshops gezielt Ideenfindung zu betreiben: um Service-Verbesserungen auszuklügeln, neue Produkte zu entwickeln usw. Womöglich noch kombiniert mit der Auslobung von Preisen, die für die besten Mitarbeiterideen geboten werden.

© Springer Fachmedien Wiesbaden GmbH, ein Teil von Springer Nature 2020   21
K. Engelhardt, *Erfolgreiche Mitarbeiterkommunikation für CEOs,* essentials,
https://doi.org/10.1007/978-3-658-27975-2_4

Die Unternehmensgruppe Casinos Austria und Österreichische Lotterien rief zum Beispiel im Jahr 2015 – ergänzend zum bestehenden Vorschlagswesen – eine Ideen-Challenge aus, bei der MitarbeiterInnen in Teams von bis zu drei Personen aufgerufen waren, Ideen für einzigartige Kundenerlebnisse auszuarbeiten. Die zehn besten Teams präsentierten ihre Ideen vor Vorstandsmitgliedern sowie vor internen und externen Experten. Drei Teams zogen ins Finale und bekamen entsprechend Zeit, um ihre Ideen auszuarbeiten: 40 Stunden pro Person für drei Monate sowie ein Budget, um Prototypen anfertigen zu können. Die Ideen konnten auch im damals neu eröffneten Innovation Hub fertig entwickelt werden (Landsmann 2019) (s. Abb. 4.2).

Der Beschwerdebriefkasten (Wehrle 2011) ist heute nur mehr selten anzutreffen; am ehesten noch unter dem Begriff „Ideenbox". Die ursprüngliche Idee war: In den „Briefkästen" (also tatsächlichen Boxen) sollten Ideen, Verbesserungsvorschläge, aber auch Hinweise auf Missstände gesammelt werden. Manche Unternehmen ersetzten später die Funktion der Beschwerdebriefkästen durch eine Mail-Adresse, unter der Verbesserungsvorschläge oder Missstände gemeldet werden können.

Derartige „Beschwerde-Postfächer" sind nicht zu verwechseln mit Whistleblowing: Damit sind – zumeist an externe Dienstleister ausgelagerte – Hotlines gemeint, die der Korruptionsbekämpfung dienen (Kenny et al. 2019; Pittroff 2011; Schemmel et al. 2012).

Abb. 4.1 Mitarbeiter-Ideen sind wertvoll für das Unternehmen (weil sie Verbesserungspotenziale aufzeigen) und für die MitarbeiterInnen (weil sie Wertschätzung erfahren und Prämien erhalten). (Cartoon: Gordon Blö) (Mit freundlicher Genehmigung von © engelhardt kommunikation gmbh 2019. All Rights Reserved)

Erfolgsfaktoren des Ideenmanagements
1. Ideenmanagement sollte Teil der Unternehmenskultur sein.
2. Das Management muss das Ideenmanagement promoten.
3. Ideenmanagement wird mithilfe genau definierter Prozesse und eines eigenen Systems abgewickelt (bevorzugt über das Intranet). Transparenz der Prozesse ist besonders wichtig!
4. Die direkten Vorgesetzten sind verantwortlich für den Erfolg. Die mangelnde Bereitschaft der Vorgesetzten, sich für das Ideenmanagement einzusetzen, wird oft zum Knackpunkt bei der erfolgreichen Ideenmanagement-Umsetzung.
5. Ideen müssen umgehend umgesetzt werden.
6. Die Auszahlung von Prämien und Gewinnen muss transparent gestaltet sein.

Abb. 4.2 Innovation Hub der Unternehmensgruppe Casinos Austria und Österreichische Lotterien. (Mit freundlicher Genehmigung von © Casinos Austria. All Rights Reserved)

4.2   Wettbewerbe und Awards

Gewinnspiele, Verkaufswettbewerbe, Awards jeder Art (zum Beispiel für das Entdecken von Qualitätsmängeln) sind eine weitere Möglichkeit, die MitarbeiterInnen aktiv ins Unternehmensgeschehen einzubeziehen und besonders zu „belohnen" (Storbeck 2009). Heutzutage besonders leicht durchführbar, weil aktuelle Intranet-Formen nützliche Abstimmungstools aufweisen.

Ein Tipp: Ein Handshake des CEO in Kombination mit einem ehrlichen Dankeschön wiegt oft mehr als ein teurer Preis oder Gewinn. Bei General Motors zum Beispiel beinhalteten manche Team-Awards sogar eine Reise der Siegerteams zum Headquarter des Konzerns (Engelhardt 2014). Bei den MitarbeiterInnen, die davon erzählten, war klar, dass sie – trotz aller Sightseeing- und sonstiger Rahmenprogramme sowie zurückgelegter tausender Kilometer – am meisten der persönliche Händedruck des allerobersten Konzernchefs beeindruckt hatte.

Wenn es um zu erreichende Verkaufszahlen geht, können auch Gamification-Elemente ins Spiel gebracht werden (Engelhardt 2015): mithilfe von Intranet-Eingabetools, die spielerisch dazu auffordern, neue und nochmals neue Verkaufsrekorde zu erreichen.

4.3   Mitsprache bei Veränderungsprozessen

Bei Veränderungen – sei es ein neues Büroumfeld, neue Arbeitsabläufe oder neue Kommunikations-Tools – sollten von Anbeginn an die MitarbeiterInnen mit einbezogen werden – nicht nur, um ihr Know-how zu nutzen, sondern vor allem auch, um ihnen die Veränderungen schmackhaft zu machen, sie also mit ins Boot zu holen (Krüger und Bach 2014; Vahs und Leiser 2007). Das kann in Workshops, Diskussionsforen, Online-Abstimmungen oder mithilfe von Pilotprojekten erfolgen. Eine Faustregel: Je mehr Gelegenheit zur Mitsprache und Beteiligung der MitarbeiterInnen angeboten wird, desto erfolgreicher kann ein Veränderungsprozess umgesetzt werden.

Das Mitsprache-Modell kann sogar so weit gehen, dass die Meinung der MitarbeiterInnen zum Motor des Veränderungsprozesses wird. Zugehörige Großgruppenveranstaltungen laufen unter dem Titel „Zukunfts-Konferenz", „Real-Time-Strategic-Change-Konferenz", „World Café" oder „Open-Space-Konferenz" (Wolf 2013).

Und noch ein Tipp: Die Entscheidungen bei den Details des Veränderungsprozesses sollten transparent gemacht werden. Vor allem gegenüber jenen MitarbeiterInnen, die dabei tatkräftig mitgewirkt haben. Die Motivation eines/
einer MitarbeiterIn, der/die Vorschläge zur Neugestaltung der Büroräume ein-
gebracht hat und kein Feedback bekommt, wird verständlicherweise nicht gerade
gesteigert.

Mitarbeiterumfagen und Evaluation

5

5.1 Mitarbeiterumfragen

Im Ein- oder Zweijahresabstand durchgeführte Mitarbeiterumfragen (Borg 2003; Domsch 2013; Gehring et al. 2015; Nürnberg 2017) sind vor allem in großen Unternehmen mittlerweile gang und gäbe. Sie sind in jedem Fall ein sehr wertvolles Werkzeug, um die Mitarbeiterzufriedenheit zu erheben. Arbeitsplatz-Zufriedenheitsumfragen stellen Fragen zu Führungsstil, Teamwork, Produktivität und Effizienz, Zufriedenheit mit den Karriere- und Trainingsmöglichkeiten usw. Die Interne Kommunikation kommt dabei meist nur im Sinne von „Sind Sie gut informiert?" vor.

Angesichts der komplexen medialen Möglichkeiten der Internen Kommunikation und der damit verbundenen Strategien sind also eigene Mitarbeiterumfragen zum Thema Interne Kommunikation ratsam, die hinterfragen, ob die Inhalte interner Medien überhaupt bei den Adressaten ankommen, und um Klarheit darüber zu erhalten, wie weit gewünschte Auswirkungen bei den MitarbeiterInnen erreicht werden.

> **Themenbereiche in Umfragen zur Internen Kommunikation**
> - **Generelle Informationssituation:** Von wem bzw. durch welches Medium erhalten die MitarbeiterInnen ihre Informationen? Vorgesetzte und Management sollten die Hauptinformationsquelle sein. Und auch die jeweiligen Medien der Internen Kommunikation sollten prominent genannt werden. Wenn „Gerüchteküche" („Flurfunk") weiter vorne gereiht wird, ist für die Interne Kommunikation dringender Handlungsbedarf gegeben.

© Springer Fachmedien Wiesbaden GmbH, ein Teil von Springer Nature 2020
K. Engelhardt, *Erfolgreiche Mitarbeiterkommunikation für CEOs*, essentials,
https://doi.org/10.1007/978-3-658-27975-2_5

- **Der Informationsbedarf:** Welche Themen benötigen die Mitarbeiter-Innen? Und interessieren sie? Gerade den Fragen nach dem Inhalt der Medien (wie weit sie tatsächlich die Informationsbedürfnisse der MitarbeiterInnen treffen) sollte breiter Raum gegönnt werden.
- **Das Leseverhalten:** Welche der angeführten Medien bevorzugen die MitarbeiterInnen? Und nutzen sie auch tatsächlich? Denn natürlich geht es darum, Prioritäten im gesamten internen Medienmix zu hinterfragen. Da gilt es einerseits festzustellen, wie weit die Adressaten erreicht werden, und andererseits stufenweise nachzufassen, um Feedback über die tatsächliche Akzeptanz von Themen und ihrer medialen Aufbereitung zu bekommen.
- **Die Aktualität:** Ob die übermittelten Informationen ausreichend aktuell bei den Adressaten einlangen, muss eigens geprüft werden.
- **MitarbeiterInnen als Botschafter:** Verfügen die MitarbeiterInnen über ausreichend Informationen, um Familienangehörigen/Freunden/Bekannten wesentliche Fakten zum Unternehmen zu übermitteln, lautet hier die Frage.
- **Qualitative Beurteilung:** Ob die übermittelten Informationen als objektiv, glaubwürdig, Mitarbeiter-orientiert, interessant usw. empfunden werden, ist besonders wichtig. Die Antworten lassen erkennen, wie es insgesamt um die Qualität der Internen Kommunikation bestellt ist. Mangelnde Objektivität und Glaubwürdigkeit sind sehr häufig die an vorderster Stelle kritisierten Punkte, gegen die es anzukämpfen gilt.

5.2   Evaluation

Bei der Analyse der Umfrageergebnisse empfiehlt es sich, ergänzend auch andere Erkenntnisse in die Beurteilung mit einfließen zu lassen: Ergebnisse von Arbeitsplatz-Zufriedenheitsumfragen und Analysen der aktuellen Ereignisse im Unternehmen mit ihren möglichen Auswirkungen auf die Mitarbeiter-Motivation. Ein Nachlassen beim Betrieblichen Vorschlagswesen und zunehmende Krankenstände können ebenfalls Hinweise auf den Zustand der Mitarbeiter-Motivation liefern. Erst die Gesamtheit aller Informationen gibt schlüssige Hinweise, wo Veränderungsbedarf in der Internen Kommunikation besteht.

Besser messbar werden Mitarbeiterumfragen, wenn alle Aspekte der Internen Kommunikation mit Kennzahlen hinterlegt werden: mit Finanzkennzahlen zu Budget und Personalaufwand einerseits (= Input) und Kennzahlen zu den damit bewirkten Prozessen (z. B. Erscheinungshäufigkeit und Reichweite der Mitarbeiterzeitschrift sowie die zugehörigen Abstimmungsprozesse) (= Output) andererseits. Diesen Zahlen zur Effizienz der Maßnahmen stehen „Wirkungskennzahlen" zur Quantifizierbarkeit der Effektivität gegenüber (Werte zu Wahrnehmung, Nutzung, Akzeptanz, Wissen und Einstellung) (= Outcome) und Kennzahlen zum „strategischen Wertbeitrag" (= Outflow). Diese betreffen Image, Mitarbeiterzufriedenheit, Engagement und dergleichen. Im Vergleich mit ähnlich erhobenen Kennzahlen anderer Unternehmen ergeben sich deutliche Hinweise auf Verbesserungspotenziale (Fischer 2008, 2012; Stobbe 2008).

Leider werden genaue Evaluationsmaßnahmen im Bereich der Internen Kommunikation noch viel zu wenig eingesetzt. Sehr häufig herrschen nach wie vor Entscheidungsmechanismen nach persönlichen Befindlichkeiten vor. Das schadet dem Ansehen der Internen Kommunikation.

Unternehmerisches Denken

6

Abseits der laufenden Prozesse eines Unternehmens gibt es Situationen, die den besonderen Einsatz des Unternehmenschefs und seiner Führungsriege bei der Wahl der richtigen Kommunikationsmaßnahmen fordern. Sie gehen über die im Alltag angewendeten Maßnahmen (Social Intranet, Interne Social Media, Mitarbeiter-App, Mitarbeitermagazin, Blog, Newsletter, Corporate TV/Corporate Audio, laufende CEO-Kommunikation und Face-to-Face-Maßnahmen sowie laufende Aktivitäten der Mitarbeiterbeteiligung) hinaus.

6.1 Changeprozesse und ihre Medien

Wenn Veränderungen bzw. besondere strategische Prozesse anstehen, müssen nicht nur die bestehenden Medien der Internen Kommunikation zur Promotion der Veränderungen genutzt werden (Deutinger 2017; Lauer 2014; Pfannenberg 2013; Stolzenberg 2009; Vahs und Weiand 2010; Zowislo und Schwab 2003). Ergänzend sind zusätzliche Maßnahmen und Medien notwendig, um

1. die Ziele der Veränderung/der Strategien zu kommunizieren – Hand in Hand mit ihrer Bedeutung für die Vision des Unternehmens,
2. von Anbeginn an und laufend Informationen rund um die Veränderungsprozesse zu kommunizieren,
3. die MitarbeiterInnen mit einzubinden.

© Springer Fachmedien Wiesbaden GmbH, ein Teil von Springer Nature 2020
K. Engelhardt, *Erfolgreiche Mitarbeiterkommunikation für CEOs,* essentials,
https://doi.org/10.1007/978-3-658-27975-2_6

6.1.1 Übersiedlung & neue Arbeitswelt

Face-to-Face-Kommunikation und Mitarbeitermitsprache müssen hier dominieren; mit Begleitinformationen im Intranet, in der Mitarbeiterzeitschrift sowie in Broschüren und Flyern (Krönung 2013). Bei der Übersiedlung von 4500 MitarbeiterInnen der Ersten Group von 20 Standorten in das neue zentrale Headquarter wurden bereits zwei Jahre vor der Übersiedlung einige hundert MitarbeiterInnen gebeten, ihre Meinung zum künftigen Mobiliar abzugeben und danach bis zur tatsächlichen Übersiedlung eine Fülle von Informationsveranstaltungen organisiert (Engelhardt 2016). Laufend wurde das Feedback der MitarbeiterInnen eingeholt, bis hin zur Wahl geeigneter Kaffeemaschinen. Musterbüros, Pilotbetrieb, Trainings, „Botschafter" in allen Abteilungen usw. waren die selbstverständliche Fortsetzung bis zum festlichen Einzug mitsamt einem Tag der offenen Tür. Die besondere Herausforderung bei dieser Übersiedlung: Sie ging einher mit einem Wechsel zu neuen Arbeitsbedingungen. Wesentliche Bedeutung für den Erfolg des Riesenprojekts der Erste Group hatte nicht zuletzt das starke Commitment des CEO.

6.1.2 Joint Venture & Organisationsänderung

Hier diktiert die Änderung der Unternehmenskultur die Form der begleitenden Kommunikationsmaßnahmen: Die Unternehmenswerte (Corporate Identity) müssen einer Neudefinition unterzogen werden, womöglich mit einer Mitarbeiterumfrage vorneweg. Relaunches der bestehenden internen Medien sollten – entsprechend den neu definierten Werten und des neuen Corporate Designs – umgehend umgesetzt und neue Medien eingeführt werden. Diese neuen Medien – eventuell eine eigene (interne) Website (zum Beispiel bei BAWAG und PSK) oder eine neu eingeführte Mitarbeiter-App (zum Beispiel bei RHI und Magnesita (Hofer 2017)) – erfüllen eine Klammerfunktion. Events und Videobotschaften des CEO sollten den Wandel noch einmal verdeutlichen.

Darüber hinaus gilt es, möglichst umgehend die MitarbeiterInnen mit den neuen Unternehmensfakten vertraut zu machen: welche Standorte es nun gibt, wie die Produktpalette aktuell aussieht, Informationen zu den neuen Organisationsstrukturen und neuen Teamzusammensetzungen. Ankündigungen via Newsletter und/oder in der Mitarbeiterzeitschrift sowie Veröffentlichung im Intranet reichen dazu nicht aus. Eine gedruckte Broschüre – gemeinsam mit Online-Informationen – kann da schon Sinn machen. Die neuen Teamzusammensetzungen sollten in Abteilungsporträts kommuniziert werden (z. B. in der Mitarbeiterzeitschrift), sozusagen als personalisiertes Organigramm.

6.1.3   Krisenzeiten

In schwierigen Zeiten muss die Devise sein: Möglichst viel und auf Augenhöhe kommunizieren! In allen bestehenden und eigens neu geschaffenen internen Kanälen, mit Respekt und Wertschätzung. So geschehen zum Beispiel anlässlich der Errichtung eines neuen Sechsgang-Getriebewerks im Opel Austria Powertrain-Motoren- und Getriebewerk in Wien-Aspern. Während der zweijährigen Aufbauzeit (2002 bis 2004) mussten fast alle MitarbeiterInnen im Rahmen einer Arbeitsstiftung dreimonatige Ausbildungsprogramme durchlaufen. Abgesehen von umfassenden Face-to-Face-Informationen (zur Arbeitsstiftung und anlässlich der wesentlichen Zäsuren des Projekts) wirkte eine eigens eingeführte Wandzeitung als Klammer: Sie zeigte – als Aushang an Hallenwänden und in Teamräumen – die Ziele des Projekts auf und dokumentierte die bereits erreichten Fortschritte. Ein Vierseiter im A4-Format mit den Inhalten der Wandzeitung wurde gesondert gedruckt und an alle MitarbeiterInnen verteilt; auch an jene, die sich in der Arbeitsstiftung befanden. Detailinformationen gab es darüber hinaus in der Mitarbeiterzeitschrift und in einem Newsletter. Als Folge aller Maßnahmen konnten die Fluktuationszahlen geringer als ursprünglich prognostiziert gehalten werden.

6.2   Unternehmenskultur & Internal Branding

Unternehmen brauchen Werte und Visionen – nicht nur nach außen, sondern vor allem auch nach innen, gegenüber den MitarbeiterInnen (Aebi und Frischherz 2018; Hein 2007; Wagner et al. 2017). Die Unternehmensidentität kann dabei Aspekte wie Corporate Social Responsibility und Sponsoring, aber auch die Verantwortung gegenüber der eigenen Vergangenheit mit einschließen. Einen noch höheren Stellenwert gewinnt das Branding des Unternehmens, wenn es darum geht, die MitarbeiterInnen als Botschafter zu gewinnen.

6.2.1   Corporate Social Responsibility und Sponsoring

Corporate Social Responsibility/CSR- und Sponsoring-Aktivitäten werden – abgesehen von ihrer Bedeutung für das Unternehmensimage – für MitarbeiterInnen besonders wichtig, wenn sie mit einbezogen werden: bei Charity-Aktivitäten oder mit der Aufforderung, karitative Freiwilligen-Arbeit zu verrichten. Casinos Austria-MitarbeiterInnen z. B. bekommen pro Jahr fünf Tage frei, um für Rotes

Kreuz, Caritas, Hilfswerk usw. zu arbeiten. Verbunden damit ist der Wunsch, dass die MitarbeiterInnen auf diese Weise zu Botschaftern der Nachhaltigkeit des Unternehmens werden (Casinos Austria 2019).

Bei Sport- oder Kultursponsoring-Aktivitäten funktioniert es ähnlich: Da werden den MitarbeiterInnen als Teilhabe Tickets für Fußball-Matches (Allianz) (Glatzl 2019) oder Theaterkarten (zum Beispiel Burgtheater-Karten bei der voestalpine) (Keplinger 2019) angeboten und sie werden eingeladen, die in der Firmenzentrale ausgestellten Bilder und Plastiken der unternehmenseigenen Kunstsammlung zu betrachten (Rücker 2019).

6.2.2   Unternehmensgeschichte

Noch weitreichendere Dimensionen bekommt das Thema Unternehmenskultur, wenn Unternehmen/Institutionen auf eine lange Geschichte zurückblicken. Jahrzehnte nach Beendigung des Zweiten Weltkriegs stellten sich zahlreiche große Unternehmen ihrer Vergangenheit mit Historikerkommissionen, Publikationen, Ausstellungen. Und sie installierten einen Beauftragten für Unternehmensgeschichte in der Abteilung für Interne Kommunikation (Angerer und Zirkler 2010; Cornelißen und Pezzino 2018; Lechner 2018; Rathkolb 2001; Rief 2005; Rumplmayr 2014; Zimmerl 2011).

Kommunikative Fehlentscheidungen in diesem Bereich können Shitstorms hervorrufen und langfristige negative Auswirkungen auf das Image des Unternehmens haben.

6.2.3   Internal Branding & Employer Branding

Weitere Aspekte der Unternehmenskultur tun sich auf, wenn Betrachtungsweisen der Markenführung in das Unternehmen hineingetragen werden und sich auf die Gestaltung der Internen Kommunikation auswirken (Hubbard 2004; Krobath und Schmidt 2009; Rösch 2013; Tometschek und Kriwan 2016). Das Ziel dahinter: MitarbeiterInnen sollen als Botschafter gewonnen werden – im Dienste von Employer Branding (Fischer et al. 2013; Voigt 2007). Bewusstseinsbildung mithilfe der Medien der Internen Kommunikation ist gefordert. Zuvor muss sich das Management auf die Definition der Markenbotschaften verständigen.

Zusammenfassung 7

Der in diesem *essential* angewandte Blickwinkel galt den Aspekten der Mitarbeiterkommunikation, die vor allem Führungskräfte betreffen: Abgesehen von organisatorischen Entscheidungen, Themenwahl und gängigen Fallstricken der Mitarbeiterkommunikation wurden vor allem die Möglichkeiten für Führungskräfte, mit den MitarbeiterInnen persönlich zu kommunizieren (Mitarbeiterbriefe, Blogs, Videobotschaften, Dialogrunden und Events), beleuchtet.

Führungsverantwortung ist darüber hinaus vor allem bei den Themen Mitarbeiterbeteiligung und Evaluation gefordert. Auch hierzu bietet dieses *essential* eigene Kapitel. Abschließend wurden Themen gestreift, die unternehmerische Entscheidungen hinsichtlich geeigneter Maßnahmen der Mitarbeiterkommunikation erfordern: Change-Prozesse, Corporate Social Responsibility, Corporate Heritage und Internal Branding bzw. Employer Branding.

Gelungene Mitarbeiterkommunikation ist wesentliche Voraussetzung für den Unternehmenserfolg. Wird sie nicht vom Management unterstützt, kann sie schwerlich die gewünschten Ziele erreichen: Motivierte und gut informierte MitarbeiterInnen, die sich gerne mit Ideen und Vorschlägen einbringen, und bereit sind, Veränderungsprozesse und Strategien der Firma mitzutragen sowie in ihrem Familien- und Freundeskreis als überzeugendes Sprachrohr für das Unternehmen zu wirken.

© Springer Fachmedien Wiesbaden GmbH, ein Teil von Springer Nature 2020
K. Engelhardt, *Erfolgreiche Mitarbeiterkommunikation für CEOs*, essentials,
https://doi.org/10.1007/978-3-658-27975-2_7

Was Sie aus diesem *essential* mitnehmen können

- Hinweise auf Fehlerquellen in der persönlichen Kommunikation des Managements mit MitarbeiterInnen
- Tipps zur Organisation von Events
- Tipps zu strategischen Entscheidungen in Bezug auf Interne Kommunikation
- Tipps zur Evaluation von Mitarbeiterkommunikation
- Wertvolle Literaturhinweise

Literatur

Zu Kapitel 1:

Arns C (2007) Die Reise der Trojaner. Loyale Gefolgschaft lässt sich nicht anordnen. In: Dörfel L (Hrsg) Interne Kommunikation: Die Kraft entsteht im Maschinenraum. scm c/o prismus, Berlin, S 27–45

Becker F (2018) Mitarbeiter wirksam motivieren: Mitarbeitermotivation mit der Macht der Psychologie. Springer, Berlin

Burkhardt R, Kircher L (2008) Das relevanteste Wirtschaftsmagazin der Welt. Nichts ist interessanter als Neuigkeiten aus dem eigenen Unternehmen. Deswegen sind Mitarbeitermagazine eine große Chance. Es lohnt sich: Bei der Rendite macht die Motivation der Mitarbeiter bis zu 5,7 Prozent aus. In: Dörfel L (Hrsg) Instrumente und Techniken der Internen Kommunikation: Trends, Nutzen und Wirklichkeit. SCM – School for Communication and Management, Berlin, S 36–49

Duerr A (2016) Schützen Sie durch Krisenkommunikation Ihre Geschäftsbeziehungen. https://www.saxoprint.at/b2bmanager/b2b-relations/krisenkommunikation/. Zugegriffen: 30. Juli 2019

Engelhardt K (2018) Krisenkommunikation: Schweigen ist Gift. Wenn aus Change Krise wird, hat das meist mit Kommunikation zu tun. https://www.engelhardt.at/krisenkommunikation-schweigen-ist-gift/. Zugegriffen: 15. Juni 2019

Engelhardt K (2019) Erfolgreiche Interne Kommunikation im Digital Workplace. Basics und Tools: Social Intranet, Mitarbeiter-App, Mitarbeitermagazin. Springer Fachmedien, Wiesbaden

Escribano F (2013) Interne Kommunikation auf der Suche nach dem Unternehmenswissen. In: Dörfel L, Schulz T (Hrsg) Social Media in der Internen Kommunikation. SCM – School for Communication and Management, Berlin, S 67–112

Gaibrois C (2018) Verpasste Informationen, beeinträchtigter Wissensaustausch und Motivationsverlust: Was Mehrsprachigkeit in Organisationen für die interne Kommunikation bedeutet. In: Jecker C (Hrsg) Interne Kommunikation: Theoretische, empirische und praktische Perspektiven. Herbert von Halem Verlag, Köln, S 146–163

Greenberg J, Baron RA (2018) Behavior in organizations: understanding and managing the human side of work, 10. Aufl. Verlag Pearson Education, London

Hauer E-M (2016) Der Stellenwert der Führungskräftekommunikation in der Internen Unternehmenskommunikation. In: Nowak R, Roither M (Hrsg) Interne Organisationskommunikation: Theoretische Fundierungen und praktische Anwendungsfelder. Springer, Berlin, S 109–124

Hendrich F (2006) Simplexity. Sieben einfache Formeln für komplexes Management. Herbig Verlag, München

Egli V (2007) Abkehr vom Turm zu Babel. Vom wachsenden Bedürfnis nach einer klaren Sprache. In: Jäggi A, Egli V (Hrsg) Interne Kommunikation in der Praxis: Sieben Analysen. Sieben Fallbeispiele. Sieben Meinungen. Verlag Neue Zürcher Zeitung, Zürich, S 97–108

Puschkin A (2013) Many-to-One. Ein zukunftsweisender Trend für die Interne Kommunikation. In: Dörfel L (Hrsg) Instrumente und Techniken der Internen Kommunikation, Bd 2. SCM – School for Communication and Management, Berlin, S 269–278

von Rosenstiel L (2011) Grundlagen der Organisationspsychologie: Basiswissen und Anwendungshinweise, 7. Aufl. Schäffer-Poeschel, Stuttgart

Schick S (2014) Interne Unternehmenskommunikation. Strategien entwickeln, Strukturen schaffen, Prozesse steuern, 5. Aufl. Schäffer-Poeschel Verlag, Stuttgart

Schimmel S (2014) Macht, Kritik, Selbstwahrnehmung: „Ich bin der Beste": Diese elf Fehler machen Chefs am häufigsten. https://www.focus.de/finanzen/karriere/berufsleben/macht-kritik-selbstwahrnehmung-ich-bin-der-beste-diese-elf-fehler-machen-chefs-am-haeufigsten_id_4103911.html. Zugegriffen: 30. Juli 2019

Schuhmann U (2007) Interner Manager oder Betriebsjournalist? Welche Anforderungen werden an das Arbeitsfeld der internen Kommunikation gestellt? In: Dörfel L (Hrsg) Interne Kommunikation: Die Kraft entsteht im Maschinenraum. scm c/o prismus, Berlin, S 283–299

Schuler H, Sonntag K (Hrsg) (2007) Handbuch der Arbeits- und Organisationspsychologie. Hogrefe Verlag, Göttingen

Voß A (2012) Die Skepsis der Leitwölfe überwinden – mit Web 2.0. In: Dörfel L, Schulz T (Hrsg) Social Media in der Internen Kommunikation. SCM – School for Communication and Management, Berlin, S 221–238

Zu Kapitel 2:

Amireh N, Beckmann A (2012) Blogs als Instrument für die Interne und Externe Kommunikation. In: Dörfel L, Schulz T (Hrsg) Social Media in der Internen Kommunikation. SCM – School for Communication and Management, Berlin, S 313–326

Bernet M (2012) Was kann und soll ein (interner) CEO Blog? https://bernet.ch/blog/2012/04/02/was-kann-und-soll-ein-interner-ceo-blog/. Zugegriffen: 16. März 2019

Dörfel L, Hinsen UE (Hrsg) (2009) Führungskommunikation. Dialoge: Kommunikation im Wandel – Wandel in der Kommunikation. SCM School for Communication and Management, Berlin

Engelhardt K (2018) Interne Kommunikation: Zuhause im Echo Chamber. https://www.engelhardt.at/interne-kommunikation-zuhause-im-echo-chamber/. Zugegriffen: 25. März 2019

Hansing P (2013) Der Moderierte Chat – Echtzeit-Dialog zwischen Top-Management und Mitarbeitern. In: Dörfel L (Hrsg) Instrumente und Techniken der Internen Kommunikation, Bd 2. SCM – School for Communication and Management, Berlin, S 279–292

Lutz T (2019) Gespräch am 15. Mai 2019 mit Thomas Lutz/Head of Communications Microsoft Österreich

Mossal C (2012) Wie der Dialog mit Mitarbeitern in einem Management-Blog gelingt – ein Erfahrungsbericht der T-Systems Multimedia Solutions. In: Dörfel L, Schulz T (Hrsg) Social Media in der Internen Kommunikation. SCM – School for Communication and Management, Berlin, S 327–336

Neumann R, Ross A (2007) Manager oder Messias? Führung, HR-Kommunikation und Auftritte von Spitzenmanagern. In: Dörfel L (Hrsg) Interne Kommunikation: Die Kraft entsteht im Maschinenraum. scm c/o prismus, Berlin, S 47–60

Puschkin A (2013) Many-to-One. Ein zukunftsweisender Trend für die Interne Kommunikation. In: Dörfel L (Hrsg) Instrumente und Techniken der Internen Kommunikation, Bd 2. SCM – School for Communication and Management, Berlin, S 269–278

Regnet E (2003) Kommunikation als Führungsaufgabe. In: von Rosenstiel L, Regnet E, Domsch ME (Hrsg) Führung von Mitarbeitern: Handbuch für erfolgreiches Personalmanagement, 5. Aufl. Schäffer-Poeschel Verlag, Stuttgart, S 243–250

Schmid S (2013) Daimler CIO Blog. In: Dörfel L (Hrsg) Instrumente und Techniken der Internen Kommunikation, Bd 2. SCM – School for Communication and Management, Berlin, S 311–314

Schneider C (2019) Referat am 17. Jänner 2019 von Christoph Schneider/Projektleiter Attensam

Zu Kapitel 3:

Baurecht C (2016) Im Kampf um die besten Köpfe: Was ist die beste Mitarbeiter-Werbung? https://www.teamazing.at/im-kampf-um-die-besten-koepfe-was-ist-die-beste-mitarbeiter-werbung/. Zugegriffen: 16. März 2019

Broukal J (2019) So klingt die Zukunft! https://www.microsoft.com/de-at/unternehmen/das-neue-arbeiten/hoerbuch.aspx?CollectionId=c41cbc5e-b4f2-48f2-b4ea-48ac93cf50c1. Zugegriffen: 25. März 2019

Daimler AG (Hrsg) (2019) DigitalLifeTour @Daimler. https://www.daimler.com/konzern/strategie/digitallife/mitarbeiter-im-mittelpunkt/digitallife-roadshows.html. Zugegriffen: 28. März 2019

Decker F (2014) Gesundheit im Betrieb: Vitale Mitarbeiter – leistungsstarke Organisationen (Edition Rosenberger). Springer Gabler, Wiesbaden

Dockter A (2018) Mitarbeiterevent. Benefit für Unternehmen und Angestellte. https://karriere.sn.at/karriere-ratgeber/arbeitswelt/mitarbeiterevent-benefit-fuer-unternehmen-und-angestellte-23636536. Zugegriffen: 16. März 2019

Engelhardt K (2014) Wien-Aspern: 2000 Gäste im Werk zu Besuch. https://opelpost.com/05/2014/2-000-gaeste-im-werk-zu-besuch/. Zugegriffen: 16. März 2019

Engelhardt K (2016) „Mittendrin" & „Nachgefragt": Face-to-Face-Kommunikation am Flughafen Wien. https://prva.at/itrfile/_1_/3d9505ebd48b0d5c680248ae8bed1eb6/Bericht%20Flughafen%20Schwechat%20Mai%202016.pdf. Zugegriffen: 16. März 2019

Engelhardt K (2017) Tag der offenen Tür: Happy Birthday! https://opelpost.com/10/2017/happy-birthday/. Zugegriffen: 16. März 2019

faz.net (Hrsg) (2014) Weihnachtswünsche. Was Mitarbeiter wirklich motiviert. https://www.faz.net/aktuell/beruf-chance/beruf/mitarbeiter-mit-sinnvollen-weihnachts-geschenken-motivieren-13303915.html. Zugegriffen: 28. Apr. 2019

Fenz C (2018) Tag der offenen Industrietür: Betriebe luden ein. https://www.bvz.at/burgen-land/wirtschaft/einblick-in-unternehmen-tag-der-offenen-industrietuer-betriebe-lu-den-ein-fotos-tag-der-offenen-industrietuer-115439183. Zugegriffen: 16. März 2019

Führer S (2016) Family Day@Erste Campus. http://www.stefanfuehrer.com/erste-campus-family-day/. Zugegriffen: 16. März 2019

Heitmann G, Jonas J (2013) Es gilt das gesprochene Wort – Rezepturen für eine effektive persönliche Kommunikation in der Mitarbeiter- und Führungskommunikation. In: Dörfel L (Hrsg) Instrumente und Techniken der Internen Kommunikation, Bd 2. SCM – School for Communication and Management, Berlin, S 151–166

Hofer R, Mayr D (2019) Gespräch am 5. Juni 2019 mit Robert Hofer/Unternehmens-sprecher und Leiter Kommunikation und Daniel Mayr/Assistenz der Geschäftsführung, beide Santander Consumer Bank Österreich

Holub J (2017) 7 Alternatives to Google Moderator. https://blog.sli.do/7-alternatives-to-google-moderator/. Zugegriffen: 15. Apr. 2019

Kantzenbach S, Cezanne A (2016) Interne Kommunikation in der Kaskade – Regeln und Formate. In: Rolke L, Sass J (Hrsg) Kommunikationssteuerung. Wie Unternehmens-kommunikation in der digitalen Gesellschaft ihre Ziele erreicht. De Gruyter Olden-bourg, München, S 171–180

Kessels M (2016) Interaktive Events. Das leisten Audience Response Tools. https://www.converve.de/blog/detail/interaktive-events-das-leisten-audience-response-tools/?no_cache=1. Zugegriffen: 15. Apr. 2019

Personalwirtschaft (Hrsg) (2017) Mitarbeitergeschenke: Kleine Gaben fördern die Moti-vation. https://www.personalwirtschaft.de/fuehrung/mitarbeiterbindung/artikel/kleine-gaben-foerdern-die-motivation.html. Zugegriffen: 28. Apr. 2019

Pundt J (2016) Erfolgsfaktor Gesundheit in Unternehmen: Zwischen Kulturwandel und Profitkultur (Themenbände). Apollon University Press, Bremen

Rücker G (2019) Gespräch am 18. März mit Gerald Rücker/Teamleiter Interne Kommuni-kation EVN AG

Sandoz (Hrsg) (2013) Dritte „Be Healthy"-Festwoche bei Sandoz: Hubert Neuper und Thomas Morgenstern inspirieren Sandoz-Mitarbeiter. https://wirtschaftszeit.at/start-seite-detail/article/dritte-be-healthy-festwoche-bei-sandoz-hubert-neuper-und-tho-mas-morgenstern-inspirieren-sandoz-mitarbeiter. Zugegriffen: 24. März 2019

Schmelzer K (2019) Gesunder Start in den Frühling: Dritte BeHealthy-Woche bei Santan-der. http://www.aktiencheck.de/news/Artikel-Gesunder_Start_Fruehling_Dritte_BeHe-althy_Woche_Santander_FOTO-9684736. Zugegriffen: 24. März 2019

Schmitt J (2016) Opel-CFO feiert Turnaround mit Motto-T-Shirt. https://www.finance-ma-gazin.de/wirtschaft/deutschland/opel-cfo-feiert-turnaround-mit-motto-t-shirt-1384831/. Zugegriffen: 12. Mai 2019

Selan E (2017) Betriebsausflug: Ideen für den Firmenausflug, die zum Nachahmen ein-laden. https://www.hrweb.at/2017/06/betriebsausflug-ideen-firmenausflug/. Zugegriffen: 24. März 2019

Stebo (2015) 15 Jahre Siemens Academy of Life. https://stebo.at/2015/05/06/15-jahre-siemens-academy-of-life/. Zugegriffen: 24. März 2019

Steger A (2015) 5 Gründe, warum Weihnachtsfeiern Sinn machen. https://www.personalmanagement.info/hr-know-how/fachartikel/detail/5-gruende-warum-weihnachtsfeiern-sinn-machen/. Zugegriffen: 16. März 2019

t3n.de (Hrsg) (2016) News: Was der Chef zu Weihnachten schenken sollte. https://t3n.de/news/top-weihnachtsgeschenke-vom-chef-776240/. Zugegriffen: 28. Apr. 2019

Tiroler Tageszeitung (Hrsg) (2017) Die moderne Arbeitswelt von morgen. https://www.austria-campus.at/wp/wp-content/uploads/2017/11/News_Clip_2-002.pdf. Zugegriffen: 25. März 2019

tv-oebb.at (Hrsg) (2014) Eröffnung des Wiener Hauptbahnhofs. https://tv.oebb.at/de/?playlist=rohmaterial. Zugegriffen: 16. März 2019

Uhle T, Treier M (2015) Betriebliches Gesundheitsmanagement. Gesundheitsförderung in der Arbeitswelt – Mitarbeiter einbinden, Prozesse gestalten, Erfolge messen. Springer, Berlin

Warketin N (2018) Firmenausflug: Eine gute Idee? https://karrierebibel.de/firmenausflug/. Zugegriffen: 24. März 2019

Weidner H, Weidner M (2016) Anerkennung und Wertschätzung. Futter für die Seele und Treibstoff für Erfolg. Gabal Verlag, Offenbach am Main

Witzki D (2018) Die Top 10 Mitarbeiterevents. https://www.deutschland-startet.de/die-top-10-mitarbeiterevents/. Zugegriffen: 16. März 2019

Wolf G (2013) Change als Chance – Großgruppenkonferenzen und ihr Potential für die Interne Kommunikation. In: Dörfel L (Hrsg) Instrumente und Techniken der Internen Kommunikation, Bd 2. SCM – School for Communication and Management, Berlin, S 167–184

Wowtscherk-Hoffmann A (2018) Warum Unternehmen einen Tag der offenen Tür durchführen sollten. https://www.experto.de/marketing/warum-unternehmen-einen-tag-der-offenen-tuer-durchfuehren-sollten.html. Zugegriffen: 2. Mai 2019

Zu Kapitel 4:

Bechmann R (2012) Ideenmanagement und betriebliches Vorschlagswesen. Betriebs- und Dienstvereinbarungen, Analyse und Handlungsempfehlungen. Bund Verlag, Frankfurt a. M.

Engelhardt K (2014) Team GM Transformer Awards: Immer kreativ. https://opelpost.com/08/2014/immer-kreativ/. Zugegriffen: 16. Apr. 2019

Engelhardt K (2015) Gamification: Wir sind doch alle Kinder. https://www.engelhardt.at/gamification-wir-sind-doch-alle-kinder/. Zugegriffen: 16. Apr. 2019

Kenny K, Vandekerckhove W, Fotaki M (2019) The whistleblowing guide: speak-up arrangements, challenges and best practices. Wiley, Hoboken (Wiley Finance Editions)

Krüger W, Bach N (Hrsg) (2014) Excellence in Change. Wege zur strategischen Erneuerung, 5. Aufl. Springer Gabler, Wiesbaden

Landsmann M (2019) Gespräch am 3. Juni mit Martina Landsmann (Abteilungsleiterin Public Relations & Corporate Media bei Corporate Communications der Unternehmensgruppe Casinos Austria – Österreichische Lotterien)

Pittroff E (2011) Whistle-Blowing-Systeme in deutschen Unternehmen: Eine Untersuchung zur Wahrnehmung und Implementierung. Springer Gabler, Wiesbaden

Pratsch R (2013) Betriebliches Vorschlagswesen vs. Ideenmanagement. Im 19. Jhd. eingeführt und bis ins 21. Jhd. weiterentwickelt – Erfolgsfaktor oder Handicap. Akademikerverlag, Saarbrücken

Schat H-D (2017) Erfolgreiches Ideenmanagement in der Praxis. Betriebliches Vorschlagswesen und Kontinuierlichen Verbesserungsprozess implementieren, reaktivieren und stetig optimieren. Springer Fachmedien, Wiesbaden

Schemmel A, Ruhmannseder F, Witzigmann T (2012) Hinweisgebersysteme: Implementierung in Unternehmen. Verlag C.F. Müller, Heidelberg

Storbeck O (2009) Auszeichnungen: Mitarbeiter mit Ruhm und Ehre motivieren. https://www.zeit.de/online/2009/34/mitarbeiter-motivation. Zugegriffen: 17. Apr. 2019

Vahs D, Leiser W (2007) Change Management in schwierigen Zeiten: Erfolgsfaktoren und Handlungsempfehlungen für die Gestaltung von Veränderungsprozessen. Deutscher Universitäts-Verlag, Wiesbaden

Wehrle M (2011) Ideenmanagement: Das Zitat … und Ihr Gewinn. https://www.zeit.de/2011/40/C-Coach. Zugegriffen: 18. Apr. 2019

Wolf G (2013) Change als Chance – Großgruppenkonferenzen und ihr Potential für die Interne Kommunikation. In: Dörfel L (Hrsg) Instrumente und Techniken der Internen Kommunikation, Bd 2. SCM – School for Communication and Management, Berlin, S 167–184

Zink KJ (2007) Mitarbeiterbeteiligung bei Verbesserungs- und Veränderungsprozessen: Basiswissen, Instrumente, Fallstudien. Hanser, München

Zu Kapitel 5:

Borg I (2003) Führungsinstrument Mitarbeiterbefragung, 3. Aufl. Hogrefe, Göttingen

Domsch ME, Ladwig D (Hrsg) (2013) Handbuch Mitarbeiterbefragung, 3. Aufl. Springer Gabler, Wiesbaden

Fischer A (2008) Erfolgreiche Steuerung der Kommunikation – Kommunikationscontrolling macht es möglich! Nur wer den Erfolg seiner Kommunikationsmaßnahmen misst, kann die Interne Kommunikation erfolgreich steuern. In: Dörfel L (Hrsg) Instrumente und Techniken der Internen Kommunikation: Trends, Nutzen und Wirklichkeit. SCM – School for Communication and Management, Berlin, S 267–285

Fischer A, Wagner M (2012) Maßnahmen-Controlling und Kennzahlen für Enterprise 2.0-Projekte. In: Dörfel L, Schulz T (Hrsg) Social Media in der Internen Kommunikation. SCM – School for Communication and Management, Berlin, S 205–218

Gehring F, Schroer J, Rexroth H, Bischof A (Hrsg) (2015) Die Mitarbeiterbefragung. Wie Sie das Feedback Ihrer Mitarbeiter für den Unternehmenserfolg nutzen. Schäffer-Poeschel, Stuttgart

Nürnberg V (2017) Mitarbeiterbefragungen: ein effektives Instrument der Mitbestimmung. Haufe Lexware Verlag, Freiburg

Stobbe R (2008) Wertschöpfung durch Interne Kommunikation. In: Dörfel L (Hrsg) Instrumente und Techniken der Internen Kommunikation: Trends, Nutzen und Wirklichkeit. SCM – School for Communication and Management, Berlin, S 286–296

Zu Kapitel 6:

Aebi A, Frischherz B (2018) Interne Kommunikation zu Corporate Social Responsibility (CSR) – Mitarbeitende informieren, konsultieren und beteiligen. In: Jecker C (Hrsg) Interne Kommunikation: Theoretische, empirische und praktische Perspektiven. Herbert von Halem Verlag, Köln, S 201–218

Angerer J, Zirkler I (2010) Corporate Heritage – Das ideelle Unternehmenserbe als zentrales Element des Internal Branding. In: Krobath K, Schmidt HJ (Hrsg) Innen beginnen: Von der internen Kommunikation zum Internal Branding. Gabler, Wiesbaden, S 149–162

Casinos Austria (Hrsg) (2019) https://www.casinos.at/de/casinos-austria/unternehmen/corporate-social-responsibility. Zugegriffen: 15. Juli 2019

Cornelißen C, Pezzino P (Hrsg) (2018) Historikerkommissionen und historische Konfliktbewältigung. De Gruyter Oldenbourg, Berlin

Deutinger G (2017) Kommunikation im Change: Erfolgreich kommunizieren in Veränderungsprozessen, 2. Aufl. Springer Gabler, Berlin

Engelhardt K (2016) Metamorphose eines Konzerns – die Erste Group zeigt es vor. https://prva.at/itrfile/_1_/05e7bd091d28aa33a3b1729433f7b8f7/Bericht%20Erste%20Campus.pdf. Zugegriffen: 14. Mai 2019

Fischer A, Kaup A, Wagner M (2013) Employer Branding – was hat das mit Interner Kommunikation zu tun? In: Dörfel L (Hrsg) Instrumente und Techniken der Internen Kommunikation. Instrumente zielgerichtet einsetzen, Dialoge erfolgreich managen, Bd 2. SCM – School for Communication and Management, Berlin, S 73–90

Glatzl J (2019) Gespräch am 13. Februar 2019 mit Josef Glatzl/Interne Kommunikation Allianz Gruppe Österreich

Hein FM (2007) Interne Kommunikation und Unternehmenskultur: zur erfolgreichen Selbststeuerung befähigen. In: Dörfel L (Hrsg) Interne Kommunikation: Die Kraft entsteht im Maschinenraum. scm c/o prismus, Berlin, S 77–104

Hofer J (2017) Interne Kommunikation: Wie RHI und Magnesita die Fusion meistern. https://www.horizont.at/home/news/detail/interne-kommunikation-wie-rhi-und-magnesita-die-fusion-meistern.html. Zugegriffen: 10. Apr. 2019

Hubbard M (2004) Markenführung von innen nach außen. Zur Rolle der Internen Kommunikation als Werttreiber für Marken. VS Verlag, Wiesbaden

Keplinger K (2019) Gespräch am 27. März 2019 mit Karin Keplinger/Teamleiterin Interne Kommunikation voestalpine

Krobath K, Schmidt H (Hrsg) (2009) Innen beginnen: Von der internen Kommunikation zum Internal Branding. Gabler, Wiesbaden

Krönung J (2013) Eine Bank zieht um – Ein integriertes Kommunikationskonzept. In: Dörfel L (Hrsg) Instrumente und Techniken der Internen Kommunikation, Bd 2. SCM – School for Communication and Management, Berlin, S 65–72

Lauer T (2014) Change Management. Grundlagen und Erfolgsfaktoren, 2. Aufl. Springer, Berlin

Lechner R (2018) ÖBB Wanderausstellung „Verdrängte Jahre" in Mauthausen. https://presse.oebb.at/de/presseinformationen/oebb-wanderausstellung-verdraengte-jahre-in-mauthausen. Zugegriffen: 20. Mai 2019

Peer C (2007) Unternehmenskultur im Wandel: Strategieverwirklichung durch kulturelle Kompetenz. In: Jäggi A, Egli V (Hrsg) Interne Kommunikation in der Praxis: Sieben Analysen. Sieben Fallbeispiele. Sieben Meinungen. Verlag Neue Zürcher Zeitung, Zürich, S 83–96

Pfannenberg J (2013) Veränderungskommunikation: So unterstützen Sie den Change-Prozess wirkungsvoll. Frankfurter Allgemeine Buch, Frankfurt a. M.

Rathkolb O (Hrsg) (2001) NS-Zwangsarbeit: Der Standort Linz der „Reichswerke Hermann Göring AG Berlin" 1938–1945, Bd 2. Böhlau, Wien

Rief S (2005) Rüstungsproduktion und Zwangsarbeit. Die Steyrer-Werke und das KZ Gusen. Studienverlag, Innsbruck

Rösch M (2013) Change Branding – interne Kommunikation als Schlüssel zur erfolgreichen Markenimplementierung. In: Dörfel L (Hrsg) Instrumente und Techniken der Internen Kommunikation, Bd 2. SCM – School for Communication and Management, Berlin, S 93–130

Rücker G (2019) Gespräch am 18. März mit Gerald Rücker/Teamleiter Interne Kommunikation EVN AG

Rumplmayr J (2014) voestalpine: „Gegen den Willen und fern der Heimat". https://www.wienerzeitung.at/nachrichten/wissen/geschichte/697584-Gegen-den-Willen-und-fern-der-Heimat.html. Zugegriffen: 20. Mai 2019

Stolzenberg K, Heberle K (2009) Change Management. Veränderungsprozesse erfolgreich gestalten – Mitarbeiter mobilisieren, 2. Aufl. Springer, Berlin

Tometschek R, Kriwan M (2016) Interne Kommunikation mit dem Kompass der Marke: Internal Branding – Marke innen beginnen. In: Nowak R, Roither M (Hrsg) Interne Organisationskommunikation: Theoretische Fundierungen und praktische Anwendungsfelder. Springer, Berlin, S 287–306

Vahs D, Weiand A (2010) Workbook Change Management: Methoden und Techniken. Schäffer-Poeschel, Stuttgart

Voigt C (2007) Mitarbeitende als Botschafter der Werte: Employer-Branding-Konzepte in der Praxis. In: Jäggi A, Egli V (Hrsg) Interne Kommunikation in der Praxis: Sieben Analysen. Sieben Fallbeispiele. Sieben Meinungen. Verlag Neue Zürcher Zeitung, Zürich, S 57–68

Wagner R, Roschker N, Moutchnik A (Hrsg) (2017) CSR und Interne Kommunikation: Forschungsansätze und Praxisbeiträge. Springer Gabler, Wiesbaden

Zimmerl U (2011) Historische Kommission und Dokumentationsstelle der Bank Austria. Scrinium 65:139–145

Zowislo N, Schwab H (2003) Interne Kommunikation im Veränderungsprozess: Mitarbeiter gezielt informieren und erfolgreich einsetzen. Gabler, Wiesbaden

Weiterführende Literatur

Agarwal A (2019) Top 25 CEO Blogs & Websites For Chief Executives To Follow in 2019. https://blog.feedspot.com/ceo_blogs/. Zugegriffen: 16. März 2019

Antonakis J (2007) Führung und Kommunikation: Zwei Seiten einer Medaille. In: Jäggi A, Egli V (Hrsg) Interne Kommunikation in der Praxis: Sieben Analysen. Sieben Fallbeispiele. Sieben Meinungen. Verlag Neue Zürcher Zeitung, Zürich, S 27–42

Blaschke A (2008) Persönliche Gespräche mit der Geschäftsführung als Instrument der Mitarbeiterführung. In: Dörfel L (Hrsg) Instrumente und Techniken der Internen Kommunikation: Trends, Nutzen und Wirklichkeit. SCM – School for Communication and Management, Berlin, S 147–158

Buchholz U, Knorre S (2018) Interne Kommunikation in agilen Unternehmen. Springer Gabler, Wiesbaden

Cowan D (2017) Strategic internal communication: how to build employee engagement and performance. Kogan Page, London

Crijns R, Janich N (Hrsg) (2009) Interne Kommunikation von Unternehmen. Psychologische, kommunikationswissenschaftliche und kulturvergleichende Studien, 2. Aufl. Springer, Wiesbaden

Dörfel L (Hrsg) (2007) Interne Kommunikation: Die Kraft entsteht im Maschinenraum. scm c/o prismus, Berlin

Dörfel L (Hrsg) (2008) Instrumente und Techniken der Internen Kommunikation: Trends, Nutzen und Wirklichkeit. SCM – School for Communication and Management, Berlin

Dörfel L (Hrsg) (2013) Instrumente und Techniken der Internen Kommunikation, Bd 2. SCM – School for Communication and Management, Berlin

Dörfel L, Hirsch L (Hrsg) (2012) Social Intranet 2012. Studienergebnisse, Fachbeiträge und Experteninterviews. SCM – School for Communication and Management, Berlin

Dörfel L, Rossi C (Hrsg) (2013) Enterprise 2.0 Watch. SCM – School for Communication and Management, Berlin

Doppler K, Lauterburg C (2014) Change Management: Den Unternehmenswandel gestalten, 13. Aufl. Campus, Frankfurt a. M.

dr. richter & spurzem gbr (Hrsg) (2017) So wird Ihr Tag der offenen Tür ein Erfolg. https://www.richtspur.de/so-wird-ihr-tag-der-offenen-tuer-ein-erfolg/. Zugegriffen: 16. März 2019

Ecard A (2005) Mitarbeiter-Events als neuer Weg einer modernen Unternehmenskommunikation. Eine empirische Untersuchung am Beispiel der AUDI AG. Magisterarbeit. Diplomica, Hamburg

Führmann U, Schmidbauer K (2016) Wie kommt System in die interne Kommunikation? Ein Wegweiser für die Praxis, 3. Aufl. Talpa Verlag, Potsdam

Gerdeman D (2013) How to demotivate your best employees. https://www.forbes.com/sites/hbsworkingknowledge/2013/04/08/how-to-demotivate-your-best-employees/#f402838f834b. Zugegriffen: 17. Apr. 2019

Gruber G (2014) Interne Unternehmenskommunikation bei Mergers & Acquisitions: Die Mitarbeiter-Zeitung und der Mitarbeiter-Event in der Post-Merger-Integration. Akademikerverlag, Saarbrücken

Herbst DG (2014) Rede mit mir. Warum interne Kommunikation für Mitarbeitende so wichtig ist und wie sie funktionieren kann. SCM – School for Communication and Management, Berlin

Hesener B (2018) Unkritische Mitarbeiter: So kurieren Sie die Ja-Sageritis in Ihrem Unternehmen. https://www.impulse.de/management/personalfuehrung/unkritische-mitarbeiter/3559056.html. Zugegriffen: 12. Mai 2019

Hofmann A (2016) Spot-Awards. Wie Sie mit spontanen Belohnungen die Motivation Ihrer Mitarbeiter steigern. https://www.impulse.de/management/personalfuehrung/spot-awards/2591870.html. Zugegriffen: 16. Apr. 2019

Huck-Sandhu S (Hrsg) (2016) Interne Kommunikation im Wandel: Theoretische Konzepte und empirische Befunde. Springer Fachmedien, Wiesbaden

Jäggi A, Egli V (Hrsg) (2007) Interne Kommunikation in der Praxis: Sieben Analysen. Sieben Fallbeispiele. Sieben Meinungen. Verlag Neue Zürcher Zeitung, Zürich

Jecker C (Hrsg) (2018) Interne Kommunikation: Theoretische, empirische und praktische Perspektiven. Herbert von Halem Verlag, Köln

Klickkomplizen (Hrsg) (2018) Nutzen von CEO-Blogs für die Interne Kommunikation. https://www.klickkomplizen.de/blog/interne-kommunikation/was-ceo-blogs-fuer-die-interne-kommunikation-leisten-koennen/. Zugegriffen: 16. März 2019

Krobath K, Schmidt HJ (Hrsg) (2010) Innen beginnen: Von der internen Kommunikation zum Internal Branding. Gabler, Wiesbaden

Kunz P (2007) Kommunikationsanforderungen zwischen Chef und Mitarbeiter – wechselnde Perspektiven. In: Dörfel L (Hrsg) Interne Kommunikation: Die Kraft entsteht im Maschinenraum. scm c/o prismus, Berlin, S 61–70

Mai J (2019) Richtig loben: 9 goldene Regeln & Tipps für perfektes Lob. Karrierebibel. https://karrierebibel.de/richtig-loben-und-motivieren/. Zugegriffen: 24. März 2019

Morey R (2018) What business leaders can learn from 9 successful CEO bloggers. https://pagely.com/blog/business-leaders-ceo-bloggers/. Zugegriffen: 16. März 2019

Nagel K (2013) CEO-Kommunikation als machtvolles Instrument zur Unternehmensführung. Linde, Wien

Neckermann S, Kosfeld M (2008) Working for Nothing? The effect of non-material awards on employee performance. https://pdfs.semanticscholar.org/3e0b/81be0c2cba9acc617a-909235f40ab2ca28cb.pdf. Zugegriffen: 17. Apr. 2019

Nelson B (2011) 1001 Ideen, Mitarbeiter zu belohnen und zu motivieren: ... denn Geld allein macht nicht glücklich. Redline Verlag, München

Nowak R, Roither M (Hrsg) (2016) Interne Organisationskommunikation: Theoretische Fundierungen und praktische Anwendungsfelder. Springer, Berlin

Rolke L, Sass J (2016) Kommunikationssteuerung. Wie Unternehmenskommunikation in der digitalen Gesellschaft ihre Ziele erreicht. De Gruyter Oldenbourg, München

Russmedia (Hrsg) (2019) Mitarbeiterevents. https://www.russmedia.com/karriere/mitarbeiterevents/. Zugegriffen: 16. März 2019

SCM – School for Communication and Management (Hrsg) (2014) Beyond #2: change communication. SCM – School for Communication and Management, Berlin

SCM – School for Communication and Management (Hrsg) (2015) Beyond #4: Unternehmenskultur. SCM – School for Communication and Management, Berlin

SCM – School for Communication and Management (Hrsg) (2016) Beyond #6: Interne Kommunikation im mobilen Zeitalter. SCM – School for Communication and Management, Berlin

SCM – School for Communication and Management (Hrsg) (2016) Beyond #7: Die digitale Transformation. SCM – School for Communication and Management, Berlin

SCM School for Communication and Management (Hrsg) (2018) Beyond #8: Das Mitarbeitermagazin im Wandel der Zeit. SCM – School for Communication and Management, Berlin

SCM School for Communication and Management (Hrsg) (2018) Beyond #10: Content und Storytelling in der internen Kommunikation. SCM – School for Communication and Management, Berlin

SCM School for Communication and Management (Hrsg) (2018) Beyond #11: Der digitale Baukasten der internen Kommunikation. SCM – School for Communication and Management, Berlin

SCM School for Communication and Management (Hrsg) (2018) Intranet: Marktübersicht und Trends 2019. SCM – School for Communication and Management, Berlin

SCM School for Communication and Management (Hrsg) (2018) Social Intranet 2018: Ratgeber mit Trends – Themen – Tipps. SCM – School for Communication and Management, Berlin

SCM School for Communication and Management, Staffbase GmbH (Hrsg) (2019) Trendmonitor Interne Kommunikation 2019: Wandel und Professionalisierung. Schwerpunkte zu den Themen Digitale Trends und Rolle im Unternehmen. SCM – School for Communication and Management, Berlin

SCM School for Communication and Management (Hrsg) (2018) Trendmonitor Interne Kommunikation goes mobile 2017: Potenziale und Herausforderungen der mobilen Internen Kommunikation. SCM – School for Communication and Management, Berlin

SCM School for Communication and Management (Hrsg) (2014) Trendmonitor Interne Kommunikation 2013. Entwicklungen und Potenziale des Berufsstandes. Schwerpunkt zu Social Media in der internen Kommunikation. SCM – School for Communication and Management, Berlin

Thornton GS, Mansi VR, Carramenha B, Cappellano T (Hrsg) (2018) Strategic employee communication: building a culture of engagement. Palgrave Macmillan, Basingstoke

Todd D (2019) Werde besser!: 15 bewährte Strategien zum Aufbau effektiver Beziehungen im Job (Dein Business). Gabal Verlag, Offenbach am Main

Wilke A (2016), 10 goldene Regeln für motivierendes Lob. Impulse https://www.impulse. de/management/personalfuehrung/richtig-loben/2126620.html. Zugegriffen: 24. März 2019

Workingoffice.de (Hrsg) (2018) Dankesschreiben und Motivationsschreiben an Mitarbeiter. https://www.workingoffice.de/office/show/article/dankesschreiben-und-motivations-schreiben-an-mitarbeiter.html. Zugegriffen: 16. März 2019

Ziesche B (2008) Von Managern und Menschen: Führungskräfte als eine – wenn auch wichtige – Zielgruppe der Internen Kommunikation bei Volkswagen. In: Dörfel L (Hrsg) Instrumente und Techniken der Internen Kommunikation: Trends, Nutzen und Wirklichkeit. Berlin, S 213–219